重庆好人传

2022年

中共重庆市委宣传部
重庆市文明办 组编

重庆大学出版社

序言 PREFACE

　　遭遇百年难遇的旱情、形势多变的疫情、突如其来的火情……对 3400 万重庆儿女来说，2022 年注定是极不平凡的一年。面对各种"急难险重"的集中挑战，我们没有退缩，更没有被击倒。每一项挑战，每一次出击，都是一曲英勇的壮歌。大道同行，何惧逆境。不屈不挠的重庆人民心手相连，上下齐心，劲使一处，为这座英雄的城市共克时艰。太多震撼的画面、无数感人的场景，不停敲击着我们的心灵，让我们破防。最终，艰苦与悲壮、激情与勇气汇成滚滚洪流，回荡在重庆的天空，成为永恒的记忆。

　　对山城重庆来说，2022 年是众擎易举、成城断金的一年，也是春风满城、德润万家的一年，更是好人 10 年、硕果盈枝的一年。10 年，英雄的重庆儿女于平凡中铸就伟大，他们在向上向善中写就一个共同的名字——"重庆好人"。

　　《唐论》中说，"仁心爱人，可谓有天下之志"。如今，在重庆，越来越多的人选择向好人靠近，甚至成为一名好人。赠人玫瑰，手有余香。一个又一个好人接连涌现，将心中大爱传递播撒。好人是一种精神，是一种态度、一种潮流。"助人"亦"自助"，"乐人"亦"乐己"，在成就好人的过程中，无形间既帮助别人更治愈自己。和追求"多巴胺"式的快乐不同，这种幸福感具有延迟满足和惯性。

　　作为一道靓丽的风景线，重庆处处闪现着好人的身影。2012 年下半年起，重庆市委宣传部、市文明办在全市范围内发起"我推荐我评议身边好人"活动，常态化组织评选"重庆好人"。坚持上下结合挖典型、纵横联动立榜样，10 年来，重庆广泛动员、全面发动各界群众和广大网友在熟悉的人群中推举好人、在日常生活中发现好事，迄今，已累计收到凡人善举线索 239 万余条。截至 2022 年底，全市已评出"重庆好人"2630 人（组）。其中，推出"中国好人"294 人（组）、道德模范 13 名、时代楷模 4 名。他们唱响新时代新征程新重庆道德文明之歌，是身边的英雄、时代的脊梁。

目录
CONTENTS

日月光华，十年为计。这些源自基层、植于平凡、凝聚正能量的身边好人，不仅标注了新时代的坐标，也一次次点燃善念的火种，成为山城重庆可触可见的"道德光源"。微光成炬，向光而行，让我们向每一位默默奉献的好人致敬！

鲜活的价值观、有形的正能量值得更好地宣扬。为此，重庆市委宣传部、市文明办先后在江津区、石柱土家族自治县隆重举办"重庆好人"发布暨"好人在身边"微访谈活动，让人觉得既真实又温暖，还备受感动。点点微光燃成灿烂炬火，涓涓细流汇聚大爱江海。2022 年 6 月 28 日，在石柱土家族自治县桥头镇开展"重庆好人"乡村公益行活动期间，重庆市委宣传部、市文明办发起组织好人代表为当地居民进行健康义诊、农技培训、消防安全和反诈宣传等各式各样的"好事"，让"真善美"在传递中更加闪光，正能量在传播中不断被放大。

大爱不孤，无远弗届。好人精神在哪里播撒，哪里就有了希望。用榜样的力量激励人、鼓舞人，引导人们争做崇高道德的践行者、文明风尚的维护者、美好生活的创造者，重庆市委宣传部、市文明办组织力量，精心编写了《重庆好人传·2022 年》。按照 89 名（组）"重庆好人"、24 名（组）"重庆好人"特别奖上榜时间顺序，"好人传"以助人为乐、见义勇为、诚实守信、敬业奉献、孝老爱亲、自强不息 6 个类别编排，每名（组）"重庆好人"事迹独立成篇，内容包括人物小传、主要事迹和致敬词。编委会的想法很简单：通过简洁生动的文字、图文并茂的表述，充分展现"重庆好人"的感人故事和高尚情操，以小见大彰显中华文明优秀基因，体现社会主义核心价值观的精髓。

心中有爱，眼里有光，脚下有远方。我们不以善小而不为，让"做好人"成为一种生活方式，让"被需要"成为一种满满的幸福。追逐光、成为光、散发光，只要我们 3400 万重庆儿女勠力同心，万丈光芒定会照耀在山城大地的每个角落。

在本书编辑出版过程中，各区县文明办和重庆大学出版社给予了大力支持。尤其是在撰稿、编排、审校环节中，同志们伏案疾书的身影仍历历在目。在此，编委会一并表示衷心感谢！由于时间仓促及条件所限，书中难免有疏漏之处，敬请读者和各界专家批评指正。

编委会

落日下的重庆广阳岛 / 鞠芝勤

南川金佛山 / 陈荣森

重庆巫山小三峡·小小三峡景区 / 唐安冰

石宝寨 / 余鸿

武陵山大裂谷天门洞索桥 / 杨润渝

先进集体

重庆市人民大礼堂 / 张坤琨

2022 年 一 季 度

Chongqing Haoren Zhuan

郑 友

【小传】郑友，男，1983年1月生，中共重庆市委当代党员杂志社编辑、记者。15年来，郑友在平凡的工作岗位上助人为乐，传递社会温暖，牵头募集的善款超过300万元，让30余户、100余人的生活重回正轨，重拾生活信心。

"不因善小而不为。"这是郑友和35岁的湖北利川籍方某斌的聊天记录，也是他的人生写照。2020年初，新冠肺炎疫情突如其来。方某斌的妻子刚动完手术，两个娃嗷嗷待哺，找工作又四处碰壁，方某斌通过网络求助到郑友。郑友一边安慰素未谋面的方某斌，一边帮助他协调租房问题，相继转去666元红包和3000元房租。在郑友牵线搭桥下，方某斌应聘到了九龙坡区石桥铺的一家货运公司工作，生活逐渐走上正轨。

"善心善事誉天下"，这是郑友作为一名媒体人常挂在嘴边的一句话。2017年9月，在一次大渡口区金泰路的采访中，郑友获悉颜某兵患有先天性耳聋的女儿梦想拥有一台电视机帮助其纠正普通话发音后，他将随身携带的数百元现金交给了对方，随后还自掏腰包购买了一台电视机送到颜某兵的家中。渝北区沙坪镇石油大院的苏某玲，在风华正茂的年龄不幸被确诊为骨肉瘤且全身扩散，走投无路的她想通过微博求助。郑友看到求助信息后，寻得九龙坡区第一人民医院的支持，将苏某玲接到医院进行免费治疗。在苏某玲安详离世后，郑友又支付了1600元灵车费用，同时买了10个花圈，一起送到苏某玲的老家铜梁。

"目光所及皆美好。"在郑友看来，人生价值不在于超越别人，而在于帮助别人。为让特殊群体感受到社会温暖，郑友牵头成立丽景社区"友邻志愿服务队"，经常发动爱心企业开展慰问活动。郑友还是重庆市红十字会的志愿者，他填写了人体器官捐献登记表，希望能以一种别样方式传递爱和希望。作为一名媒体人，郑友独家挖掘报道了全国重大先进典型10余人，包括"时代楷模"杨雪峰、"无腿村医"李菊洪等，在弘扬社会正能量的路上砥砺前行。

（大渡口区文明办供稿）

致敬词　　　　　　　　　　　　　　　　　　　　　　　助人为乐

　　街头巷尾，记录点滴民生；奔走呼吁，号召关心爱意。15年来初心不改，在弘扬社会正能量的路上，用自己的光芒照耀他人、温暖社会。

曾信华

【小传】曾信华，女，1971年4月生，重庆市出租汽车第四分公司司机。二十余年来，她在平凡的工作岗位上助人为乐，身体力行传播社会正能量。

曾信华做过的好人好事数不胜数，其中最难得的，是她接送家住大渡口区的张蜀玉老人去重钢总医院做透析的事。

那是2017年的初冬，天刚蒙蒙亮，年逾七旬的张蜀玉在老伴的陪同下，在路边打车去重钢医院做透析。之前，张蜀玉不小心摔断了腿，坐轮椅出行很不方便。因为张蜀玉和老伴年事已高，很多出租车司机不愿意载他们。曾信华却主动将车停在了他们面前，并帮忙将老人扶上车。交谈中，曾信华了解到张婆婆因为肾衰竭每周必须去医院做3次透析，两位老人身边没有儿女，每次打车去医院都很难拦到车。听到这里，心生同情的曾信华毫不犹豫地承诺："不用担心，以后您去做透析，我都来接送！"

就这样，曾信华与张蜀玉老人定下了"合约"。从此，住在沙坪坝区的曾信华每次都5点起床，空车十多公里赶到大渡口区。6点钟准时将张蜀玉和她的老伴送到医院，然后又在中午12点赶到医院接两人回家。这一接送便是两年多，每周3次，总共400多次的接送，直到张蜀玉老人过世。如今，曾信华还一如既往关爱着张蜀玉的老伴，逢年过节都会"走亲戚"看望他，嘘寒问暖，关怀备至。

这些年来，曾信华给自己定了几条规矩：70岁以上的老人坐车不收费；残疾人坐车不收费；每年"学雷锋日"，乘客的车费一律半价。2020年，她又率先倡导为医护人员及其家属提供免费乘车服务，为出行不便的市民提供爱心志愿服务……除了这些，她还资助了一名偶然认识的贫困女孩读书，勇救晕倒在路边的白血病女孩，并经常组织爱心志愿者为山区的困难群体送温暖……

（大渡口区文明办供稿）

助人为乐

致敬词

因为一句承诺，坚持两年多陪伴，总共400多次的接送，生动诠释了"至诚至善，一诺千金"。乘客的目的地是出租车的方向，善良的彼岸就是内心从未改变的方向。

陈利莎

【小传】陈利莎，女，1987年12月生，重庆市江津区石门镇利莎爱心图书室负责人。她不惧癌症，热心公益，开办爱心图书室。2019年7月，其家庭被评为"重庆十大最美书香家庭"。

2018年8月23日，陈利莎第一次带女儿参加读书分享活动，她觉得收获很多，活动也很有意义，想到农村此类活动少，便决定也要办一个爱心图书室。

说干就干。陈利莎省吃俭用，靠着不多的积蓄在家里开办了借阅室，组织周边的儿童开展阅读活动，举办故事会。久而久之，这个图书室出了名，参与阅读活动的人数逐渐增加到700余人。

2020年，在石门镇政府和江津区图书馆的支持和帮助下，利莎爱心图书室成立了。陈利莎积极组织各类阅读活动，竭尽所能为周边学龄儿童营造一个良好的学习氛围。

到目前，陈利莎每个月都会在石门镇各村（社区）组织开展系列特色家风宣传活动，加强未成年人思想道德教育，常态化开展道德讲堂活动150余场；发起"我要做公益之星""书香石门——做阳光朗读者"等公益行动，组建了江津区阳光公益志愿者协会石门公益小天使分队，带领小朋友们开展"做环保模范，扬文明美德"等志愿服务活动100余场；带领辖区居民开展新时代文明实践志愿服务200余次。组织开展关爱留守儿童活动，为石门镇72位留守儿童送去温暖；与区妇联一起走进50多所小学、20余所幼儿园讲授儿童防性侵公益课，20000余名儿童受益。

只要是知道的公益活动，陈利莎都会尽量安排时间参加。不求回报，不图名利，在生活中多做点事情，心里才会踏实，她是这样想的，也是这样做的。她积劳成疾，多次出现身体不适。2020年12月，她累倒在公益活动的舞台上，结果被医院确诊为乳腺癌。但她没有被吓倒，而是一边治疗，一边坚持做自己热爱的公益事业。她说："心中有爱，哪里都是太阳。面对困难，我们要乐观。"

（江津区文明办供稿）

致敬词　　　　　　　　　　　　　　　　　　　　　　助人为乐

没有屈服于癌症的折磨，没有向困难低头，积极乐观与自己抗争，向病魔宣战，义无反顾坚守公益初心，用自己的方式向世界诠释爱的力量。

王福容

【小传】王福容，女，1936 年 12 月生，中共党员，重庆市江津区军队离休退休干部服务管理中心军休干部。年逾八旬，她不求回报，捐资助学二十余载。

1989 年冬天，带着一身荣誉和退役警官证，王福容脱下军装，来到江津区军休中心。无论是身穿戎装维护地方安全稳定，还是脱下军装在军休所发挥余热，她始终传承着聂帅精神，怀着对祖国下一代的无限关爱，行走在关注社会发展、关爱贫困学生的道路上，带头捐资助学，为贫困儿童、残疾儿童和留守儿童奉献爱心，用晚霞的余晖托起明日的朝阳。

20 多年前，她和军休所的同志们一起资助了 3 位成绩优异、但因为家庭贫困差点辍学的初一学生，他们每年各资助 800 元，直到 3 个孩子考上了大学。1997 年，王福容牵头成立了"爱心代代传"工作室。在她的带动下，"爱心代代传"团队坚持在柏林中学、四面山学校等开展捐资助学。20 多年来，军休所全体人员累计捐款 70 余万元，捐赠书籍 4500 余册、学习用品 500 余件；受助学生达 500 余人次，其中包括考上大学的贫困生 50 余人。同时，王福容还自费购买书籍，成立"爱心书屋"，供青少年阅读。她充分发挥军休所老同志的作用，对青少年进行革命传统教育。20 多年来，军休干部们对 27 所学校、部队作传统教育报告 66 场次，受教育人数达 3 万余人次。2019 年，王福容发动军休干部将过往的光辉事迹书写下来，编印成《军魂礼赞》教育读本。

爱如星火可燎原。曾被资助过的学生们纷纷接过老革命手中的"接力棒"，继续资助贫困学生完成学业，为社会做出贡献。在王福容倡议下，军休所的离退休干部管理中心设立了"爱心助学基金"。

（江津区文明办供稿）

助人为乐

用心呵护，帮困境学生点亮求学之梦；用爱助力，为少年成长撑起一片蓝天。不求回报，资助贫困学生二十余载，用行动唤醒了这世间更多的爱。

吴朝光

【小传】吴朝光，男，1966年1月生，重庆市大足区双路街道大众鱼厅厨师。身残怀大爱，为贫困学子筑梦。

吴朝光小时候因患小儿麻痹症导致右腿肢体四级残疾，但他没有被现实击垮，而是凭借顽强的毅力为理想拼搏，成为一名技艺精湛的厨师。虽然收入不高，他却坚持资助贫困学子。

早在2005年，饱受"读书少"之苦的吴朝光资助了一名考入西南大学的贫困学生，承担其大学期间的学费和生活费达1万多元。当学生顺利毕业，想当面向他道谢时，吴朝光却婉拒了学生的探望请求。吴朝光表示，只希望她能安心工作，并像他一样帮助身边需要帮助的人，将这份爱心传递下去。

自此以后，吴朝光就开始持续资助贫困学生，尤其是残疾人家庭的学生。2016年，吴朝光得知儿子班上一名成绩不错的学生因家庭贫困而辍学的事情。他想着马上就要高考了，如果在这个关键时刻辍学实在太可惜，随即向班主任了解情况，提出愿意个人资助这名学生完成学业，甚至帮助其完成大学学业。后来他资助了该同学高三下学期的所有费用。重新回到校园的同学也最终考取了重庆交通大学。

在吴朝光的感召下，当地残疾人纷纷捐资助学，共同组建起了一支爱心志愿者队伍。遇到需要帮助的残疾人家庭学生，大家就从微薄的收入中拿出一部分来，5元、10元、50元……为无数学生铺就了求学之路。在他们的带动下，当地一名企业老板资助了两名残疾人家庭的优秀学生，每年费用达2万余元。2021年来，吴朝光带领残疾人协会成员共资助品学兼优的贫困学子14人，资金共计20余万元。

（大足区文明办供稿）

致敬词

助人为乐

　　小人物也有大情怀，平凡人也能不平凡。身残心善，用残疾的身躯撑起了贫困学子的梦想，用无私奉献谱写了助人为乐的感人篇章！

毛正学

【小传】毛正学，男，1936年10月生，中共党员，重庆高新区白市驿镇高田坎村村民。退役军人初心不改，光荣在党六十余年，志愿服务回报家乡。

毛正学是一名退伍军人，曾参加抗美援朝战争。退伍后，他回到家乡白市驿镇高田坎村，先后担任过教师、村干部、老体协秘书长等职务。他还是一位有着66年党龄的老党员，是重庆高新区白市驿镇远近皆知的"知心毛爷爷"。

1952年，为了保家卫国，年仅16岁的毛正学主动申请加入中国人民志愿军，参加抗美援朝。行军过程中，为了保障部队的安全，他主动要求在深夜站岗放哨。一次战役中，毛正学的脚被敌人炸伤。为了不影响士气，他选择一声不吭，坚持到战斗结束。因为表现优秀，1956年11月，毛正学成为一名共产党员。战役结束后，毛正学回到家乡，在松岭公社民办小学教书。1960年学校被拆除后，他回到村里担任村干部，因表现突出，曾多次获得"优秀工作者"荣誉称号。

退休后，毛正学想继续为社会做贡献，主动请求担任老体协秘书长，为老年人提供政策宣讲、文艺演出等志愿服务，这一干就是17年，他从未向村里索要过一分钱报酬。担任老体协秘书长期间，毛正学积极为老年工作出谋划策，成立老年文体队。每年重阳节，他会带领文体队编排10余个文娱节目，组织村里的800多位老年人一起过节，让老年人老有所学、老有所乐。此外，他还坚持每周一前往村委会，帮助老年人解决困惑，调解家庭矛盾，每年接待量达100余人次，解决矛盾纠纷30余件。

2005年，在高田坎村的农家书屋里，毛正学又做回了教书的老本行。他利用农家书屋的图书资源，开办了老年学堂，每周五晚6点准时开课，从不间断。毛正学根据老年人的心理和行为习惯，用通俗易懂的语言为老年人讲解生猪喂养、家禽养殖等实用技能，被大家亲切地称为"毛老师"。

（重庆高新区党工委宣传部供稿）

助人为乐

退伍不褪色，峥嵘岁月稠；退休不退志，余热更生辉。用行动践行初心，用坚守诠释担当，是大家的"毛老师"，更是乡亲们心中的"知心毛爷爷"。

宋伦雪

【小传】宋伦雪，男，1967年11月生，重庆市万州区大周镇宋家村村民。他与人为善、乐于助人，虽身患眼疾，却不顾个人安危，孤身一人勇救落水妇女。

2021年7月8日早上7点左右，宋伦雪像往常一样拿上工具，赶往负责清扫的区域干活。途经大周镇宋家村7组一堰塘时，听到一阵呼救声，他急忙上前查看，只见离堰塘岸边2米多的深水中，一名妇女正在拼命挣扎，眼看堰塘水没过她的头顶，只有两只手无力地在水面扑腾，情况十分危急。

千钧一发之际，宋伦雪没有多想，毫不犹豫跳入水中，奋力向落水的妇女游去。当他游到妇女身边时，陷入恐惧的妇女紧紧地拽住他的手臂和肩膀，身材瘦小的宋伦雪几次被拉入水下。在万分危急的时刻，他没有选择放弃救人，拼尽自己体内最后一点余力，将溺水的妇女推向岸边。附近的村民闻声前来帮忙，用竹竿将两人拉上岸。

被救起的同村妇女谭某身体并无大碍，但救人的宋伦雪却失去了意识，陷入休克昏迷状态。村民们见状后立马拨打急救电话，把他送到医院抢救，当晚又因病情危重转院至重庆大学附属三峡医院治疗。经诊断，宋伦雪的肺部吸入大量污水，呼吸道及肺部严重感染。幸运的是，在医生们齐心协力抢救下，宋伦雪终于在7月20日脱离了生命危险。不久后，被救的谭某来到医院看望这位救命恩人，激动得热泪盈眶，她不停地说："没有你出手相救，我早就已经不在了，感谢你的救命之恩。"

一时间，宋伦雪英勇救人的义举迅速传遍当地。当得知这位平民英雄家境困难，在院救治急需用钱后，大周镇党委及宋家村党支部积极发动全镇募捐，辖区干部群众纷纷慷慨解囊帮助他渡过难关。

（万州区文明办供稿）

致敬词　　　　　　　　　　　　　　　　　　　见义勇为

孑然一身，却愿舍命相救；与死神擦肩而过，却无怨无悔。果真是当之无愧的平民英雄！

李恩祥

【小传】李恩祥，男，1954年3月生，中共党员，重庆市城口县东安镇新建村村民。在60年不遇的大洪水中，他冲在抢险救灾的前线，舍命救人，诠释着作为一名中国共产党员的担当。

2021年9月19日凌晨1点左右，城口县东安镇遭遇了60年不遇的大洪水。新建村村支"两委"的干部紧急叫醒沿任河两岸居住的村民，带领他们快速向高处转移。此时，新建村5社任河边上的孙家河沟出现了险情，暴发大量泥石流，巨大的石头被冲下来，沿沟树木被席卷，房子被泥石流推倒，又形成了更大的洪流。河水开始倒灌，孙家沟东侧的高坝子里进水了，村民们慌忙弃家撤离。

孙家沟西侧是老共产党员李恩祥的包片。村民汪维兵家前临任河，左挨孙家沟，洪水一来，前后夹击，威胁最大。汪维兵夫妻俩出门打工去了，家里留下一个80多岁的老人和一个还在读小学的孩子。来不及思考，他抓起手电筒便往汪维兵家奔去。借着手电筒的光，他看见洪水正朝汪维兵的房子后墙涌，孙家沟的入河处已被洪水冲开了一个大口子，洪水正猛烈地从屋后向里边灌。前有河水洗刷，后有山洪喷涌，房子随时都会塌。他说："我要进屋去看看！"有人拉住他："二楼已经进水了，人肯定不在了。"他的妻子也跟着从山包上跑下来阻止他。他说："是死是活，我都要进去看看。我是共产党员，我不去，谁去？！"

李恩祥扶着栏杆往下走，洪水冲得他睁不开眼睛，好几次，他都差点被急流冲倒。手电光下，他突然看见一老一小抓着窗棂站在窗子的栏杆上，洪水从他们的腰间往外涌，哗啦啦倒入黑漆漆的河水中。此时，水已经漫到他的脖颈，他毫不犹豫地将孩子高高举起，淌着洪水向外面游，把孩子安全送到村民手中。随即，他第二次向着危险的黑暗逆行！他艰难地游到老奶奶身边，架着老奶奶往二楼爬，尽管多次被洪水冲倒，李恩祥硬生生地用身体作支撑把老奶奶一步步往上拉，最终成功救出了老奶奶。

泥石流过后，他又继续投入到抢险救灾工作中，为新建村村民清理房屋，疏通道路，以行动诠释了新时代共产党员的担当。

（城口县文明办供稿）

致敬词

见义勇为

哪里有危险，哪里就有不屈的力量；哪里有呼唤，哪里就有冲锋的党员。用豁出性命的力量诠释共产党员的使命与担当，不愧是真正的凡人英雄。

倪小兵

【小传】倪小兵，男，1974年11月生，中共党员，重庆市彭水苗族土家族自治县龙溪镇司法所所长。他奋不顾身、勇进火场扑灭大火，保护人民的生命和财产安全。

"着火了，着火了，快来人啊，救火……"2022年10月14日下午6时左右，倪小兵正在办公室休息，突然窗外传来呼喊声，他连忙起身跑出办公室，发现不远处的一家民房浓烟滚滚。倪小兵没有多想，立即和几名工作人员一起冲进距离政府办公楼约800米的火灾现场。他们发现着火点是集镇上的一楼门市部，火势很猛，且周围都是民房，现场聚集了群众。此时，恰逢着火门市部的房主又不在家，通过电话联系得知起火房屋内还堆放有煤气罐等很多易燃物品。倪小兵意识到，如果不及时阻止火势蔓延，后果将不堪设想。

虽然当时已经拨打了"119"火警电话，也在附近调用了洒水车，但控制火势刻不容缓。倪小兵带头提着灭火器冲进火场灭火。在他的带动下，政府职工王明远、徐冶含、姚恒峰和民警黄入尧等人也纷纷加入救火队伍。火势不断蔓延，现场浓烟熏得人睁不开双眼，但他们始终坚持着。倪小兵多次往返政府办公楼与门市部，将所有能用的灭火器都搬了过去，但火势太大，解决不了根本问题。

火势凶猛，现场群众焦急万分。幸而消防车和洒水车快速赶到，经过近3个小时的共同努力，最终大火被完全扑灭，没有造成人员伤亡，也没有波及其他房屋，最大限度保证了周围群众的生命安全，降低了他们的经济损失。

事后，倪小兵说："作为司法所的一员，同时也是一名退役军人，遇到危难之事必须冲锋在前，我只是做了自己该做的事。"

（彭水县文明办供稿）

致敬词

见义勇为

身披金甲、迎着火光，奋勇向前、永不退缩。即使退伍，也未褪色，用实际行动诠释为人民服务的初心。不愧是最可爱的人！

李 容

【小传】李容，女，1990年12月生，重庆市妇幼保健院儿童保健科住院医师。偶遇工人生命危在旦夕，在十几分钟内通过上千次心肺复苏，争分夺秒抢救挽回3人性命。

2022年3月13日上午11点左右，在两江新区康美街道，4名疏通下水道的工人因沼气中毒在井下昏迷。此时，李容和丈夫恰好在附近看望长辈。她挤进人群，看到一名男子从井下被救上来，昏迷不醒。出于医生的本能，李容去摸男子的颈动脉，发现其脉搏非常微弱，需要马上进行心肺复苏抢救。她迅速解开男子的上衣扣子，开始做心肺复苏。外胸按压和人工呼吸交叉五六分钟后，男子终于有了意识。

紧接着，她又来到第二个刚升井的工人身边。那是个四五十岁的男子，上来时呼吸已停止，颈动脉和心跳都察觉不到。她跪在地上，双臂按压一阵，再俯下身为男子做人工呼吸，不断交替。终于，经过她的紧急抢救，第二个男子恢复了微弱的心跳和呼吸。此时，她也累得快要瘫倒在地。按照心肺复苏每分钟100~120次的频率，抢救前两人的这十几分钟，她的双臂已用力按压上千次。

第三个升井的工人是个小伙子。看到他还有意识，在场的人都松了一口气。第四个工人升井时，救护车恰好抵达现场。此时的李容双臂酸软，已经没有力气。她爬到第四个男子身边，帮助操作"呼吸囊"打氧气，全程配合急救医生做心肺复苏，终于，男子恢复了血压和脉搏。把4名工人都送上急救车后，李容找到丈夫，二人悄悄离开了。

得益于及时抢救，当日事故现场的4名男子都已脱离生命危险。事后，她呼吁公众："一定要学习心肺复苏术，危急时刻能救人一命。当病人呼吸、心跳停止后，前几分钟的黄金救援时间至关重要。"

（渝北区文明办供稿）

致敬词

见义勇为

在生与死较量的战场，跪姿按压，与时间赛跑、与死神搏斗，将危在旦夕的生命抢救。不愧是新时代守护生命的"白衣天使"！

何明全、段萍友

【小传】何明全，男，1968年12月—2022年8月，生前系重庆市北碚区鹏康机械厂职工；段萍友，男，1962年1月生，重庆市北碚区朝阳街道大明社区退休职工。两名"60后"跳入湍急的嘉陵江中救起落水女子，用尽力气甚至生命诠释了见义勇为的精神。

2022年8月1日傍晚，段萍友在嘉陵江北碚正码头附近泡水歇凉，何明全和妻子李梅一起在教11岁的小女儿学游泳。

突然，段萍友听到不远处有名女子在呼救。一开始，段萍友以为是开玩笑，后面又听到她喊了几声"救命"，他便立马拿起救生圈朝她游去。同一时刻，何明全也听到了呼救声，他立马扔下女儿，毫不犹豫快速朝女子游过去。至此，两名素不相识的"60后"在这危急时刻携手救人。

经过两人携手奋战和接力救援，溺水女子被成功营救上岸。段萍友艰难挣扎着爬上了岸边。过了一两分钟，有人说"糟了，糟了，人游不起来了！"只见何明全在江面上使劲挣扎，周围的人立马求救，并拨打了救援电话。何明全11岁的女儿站在江边，大声呼喊着"爸爸、爸爸……"。他的妻子李梅也心急如焚地朝着嘉陵江大声呼唤，希望看到丈夫重新出现在她们面前。但何明全却消失在了茫茫江水中……

李梅失去丈夫，悲痛不已。朋友、同事，还有街道工作人员，陆续来看望她们。李梅说："女儿还这么小，需要我照顾，我要坚持下去。孩子的爸爸一直都乐于助人，看到别人有困难，也会伸出援手。"

另一位当事人段萍友平日里也是个热心肠的人。多年前，他和同事坐公交车下班回家，途中一辆轿车坠落到悬崖边上。听到有人呼救，他和同事小心翼翼地跨过护栏，奋力爬进车内，合力将伤者救了出来，并将他们送到最近的医院救治。

（北碚区文明办供稿）

致敬词　　　　　　　　　　　　　　　　　　**见义勇为**

奋不顾身，在汹涌洪水中挽救生命；义不容辞，把生的机会留给他人。不愧是见义勇为的侠义之士！

肖　刚

【小传】肖刚，男，1976年5月生，中共党员，国网重庆开州供电公司员工。他第一时间奋不顾身冲锋在前，跳入冰冷刺骨的湖水，救起轻生男子，随后默默隐入人群中。

2022年11月27日晚9时许，肖刚一家人像往常一样来到汉丰湖边散步，忽然听见不远处传来了呼喊声。他跑近一看，一位30岁左右的年轻男子情绪激动，抱着一个几个月大的女婴站在湖边。他脚下的汉丰湖水深10米左右，如果跳下去，后果将不堪设想。围观群众好言相劝，可男子的情绪却越来越激动。情况紧急，肖刚冲上前拉住男子的手不断劝说，趁着男子犹豫之际，他果断将女婴夺过来，递给围观群众。然而，就在此时，男子趁机挣脱，纵身跳进冰冷的湖水中，在场的热心群众赶紧拨打"110"报警电话。

紧急关头，肖刚和现场两位年轻人用衣服、木棒等物品，准备在岸上实施救援。但由于男子在水中的位置正处于废弃的桥墩下，高低落差近5米，衣服和木棍的长度不够，无法从岸上将男子救起。不一会儿，警察带着游泳圈赶到现场，肖刚来不及多想，三两下脱掉衣服，带着救生圈和塑料棒，一个猛子扎进湖中，游到男子的后方，将救生圈套在男子的身上，推着他奋力往岸边游。最终，在民警和热心群众的帮助下，肖刚和年轻男子成功上岸。

把人救上来后，冻得直哆嗦的肖刚在围观群众的掌声中，顾不上妻子的担忧，赶紧穿上衣服回家了。第二天，肖刚入水救人的事迹在朋友圈"火"了。面对赞誉，肖刚说："很多人问我救人时怕不怕，其实我当时还真没想那么多。我作为一名党员、一名退伍军人，平时自己也经常游泳，看见有人跳湖，在这种最需要人站出来的时候，我怎么都不能退缩，必须把这个年轻的生命救起来。"

（开州区文明办供稿）

见义勇为

致敬词

面对危急情况，机智沉着，冷静处理，牢记使命担当。凛冽寒冬，毫不犹豫跃入湖中，充分彰显出一名退役老兵和共产党员的赤诚初心。

罗贵芳

【小传】罗贵芳，女，1977年6月生，重庆市汽车运输（集团）有限责任公司九分公司公交车驾驶员。她拾金不昧，在普通的工作岗位上默默付出，用平凡的善举感动南来北往的乘客。

2021年10月26日下午3点左右，罗贵芳驾驶104路公交车回到万盛建行站后，像往常一样对车辆进行例行检查。在车的后排座位，罗贵芳发现了一件男士外套。让她没想到的是，衣服沉甸甸的，打开一看，衣服兜里还有厚厚的一摞百元大钞。经过清点，共有两万多元的现金，还有身份证和医保卡等证件。罗贵芳的第一反应便是赶紧到公交科说明情况，一定要尽快找到失主。

正当罗贵芳和同事准备报警查找失主时，乘客张先生几经周折向公司公交科打来电话，寻找丢失的物品。

原来，当天下午3点左右，失主张先生乘坐104路公交车回家。上车之后，车内暖和，他便脱掉了外套，并将外套随手放在了旁边的座椅上。下车时，心急的张先生却忘记将一旁的外套带走。回到家短暂休息了一会儿，正当他准备穿上外套出门办事时，这才发现衣服和钱都不见了。"我抱着试试看的心态过来找的，没想到真的找到了。"张先生说，衣服口袋里的现金是前日收的货款，还没来得及存入银行。幸运的是，遇到了驾驶员罗贵芳，她拾金不昧，将钱原封不动地归还给了他。

失而复得让张先生激动不已，他拿出1000元，想向罗贵芳表达自己的感谢之情。面对感谢，罗贵芳表示心意收下，钱绝对不能收，都是举手之劳，能物归原主，已经很开心了。

（万盛经开区文明办供稿）

致敬词

诚实守信

一个方向盘，既承载着安全的责任，又体现出诚信的美德。用真诚和信誉赢得乘客的最美赞誉——拾金不昧暖人心的最美公交女司机。

夏传武

【小传】夏传武，男，1972年2月生，重庆市垫江县普顺镇凤林村村民。他孝敬老人、团结兄妹，言传身教为子女做好榜样，以行践诺，弘扬诚信美德。

夏传武出生在金华山下的一个贫困农民家庭。上小学时，天不亮就要起床割猪草、煮猪食……他用瘦小的肩膀承担起家庭的重任。1982年的冬天异常寒冷，夏传武的手脚和耳朵上长满了冻疮，脚上的冻疮溃烂化脓，每走一步都能感到钻心的疼，当时年幼的他只能躲在墙角瑟瑟发抖、暗自掉泪。就在这时，邻居符祥碧夫妇为他送来一件亲手缝制的新棉衣，让他度过了那个寒冷的冬天。于是，夏传武暗自立下誓言，今后一定要报答他们。

夏传武在自家并不富裕的情况下，还要照顾两个跟自己没有血缘关系的邻居，一般人并不能理解。当他把老人在寒冬送棉衣的事情告诉了妻子朱小花后，勤劳善良的妻子也被深深感动，便约定一起孝敬他们。为了缓解家庭困难、增加收入，夫妻俩决定外出务工。即使在外，他们也经常给符祥碧夫妇打电话嘘寒问暖，并叮嘱他们照顾好自己。农忙时节，他们还会回到老家帮助老人收玉米、割水稻……

2018年，符祥碧的养子因病救治无效离世，这更加坚定了夏传武为老人养老送终的决心。2021年，88岁高龄的符祥碧老人突然病重，夏传武毅然放弃高薪回到老家。他的做法，得到了妻子的鼎力支持。

为了让符祥碧老人赶快好起来，夫妻俩守在病床前，挂号检查、健康护理、吃喝拉撒、穿衣洗漱等都亲力亲为，还主动支付医药费。老人住院期间，他们多次与医生沟通，要求用最好的药。不幸的是，符祥碧老人还是离开了。此后的日子里，他们更加注重孝敬符祥碧的老伴，悉心照顾其饮食起居，让老人有一个幸福美满的晚年。

（垫江县文明办供稿）

诚实守信

致敬词

一件棉衣，大爱无疆；一诺千金，大孝参天。用超越血缘的亲情，超越常情的孝心，书写了人间自有真情在的尽孝善举，见证着人世间的温暖与爱。

甘华林

【小传】甘华林，男，1986年7月生，中共党员，重庆市黔江区公安分局刑侦支队二大队大队长。基层警察守护万家安宁，维护公平正义。先后获评"全国优秀人民警察""重庆市先进工作者"等，荣立个人二等功2次、三等功2次、记嘉奖1次。

2011年，25岁的甘华林放弃教师岗位，跨专业报考成为一名人民警察。凭着一查到底、一丝不苟、一往无前的冲劲和韧劲，他从一个"门外汉"成长为一名出色的刑侦能手。从警12年来，他成功参与侦破刑事案件500余起，抓获犯罪嫌疑人400余名，为群众挽回经济损失200余万元。

2016年9月，黔江城区发生一起盗窃案。一女子假装买鞋时，趁机将收银台上的手机盗走，随后迅速坐上一男子的摩托车逃走。凭着丰富的侦查经验，他判定这是一起流窜作案。调查发现，重庆多个区县先后也发生了类似案件。最终，他和同事将这对夫妻抓获。经查实，夫妻俩盗窃20余次，涉案金额达10万元。一个小案子，最终办成了大案子，这个经典案例一直被支队同事们称赞和学习。此后，他牵头成功破获了公安部督办的"7.12网络贩卖枪支案""金溪瓦房沟非法采矿案""邹阳春故意杀人案""李方生被杀害案"等多起对社会影响恶劣的案件，并牵头破获20余起电信网络诈骗案件，抓获犯罪嫌疑人60余名，涉案金额100万余元，为群众挽回的经济损失达50余万元。

2020年5月，他带队成功抓获杀人潜逃29年的犯罪嫌疑人罗某文。在罗某文患病期间，他联系当地派出所，为其办理身份证，完成罗某文希望有一张身份证的心愿。同样，他还帮助一名女性受害人恢复户口，办理身份证，解决其多年来的"黑户"问题。

2021年1月，公安部部署开展"团圆行动"，他又担当起"寻人"的重任，带领同事们一起梳理案件、比对信息，帮助谢凤菊夫妻寻找到了失散26年的儿子。行动期间，他和同事帮助5名失散儿童与家人团圆。

（黔江区文明办供稿）

敬业奉献

致敬词

身着戎装捍正义，坚守初心为人民。尽力办好每个案件，尽心帮助失散家庭，用实际行动守护人间的"烟火气"，织密安全的"防护网"。

程 燕

【小传】程燕，女，1968年4月生，中共党员，重庆市渝中区两路口街道中山二路社区党委书记、居委会主任。创新社区党建，引领物业管理机制，带领社区先后荣获"全国妇联基层组织建设示范社区""全国侨法宣传角"等40余项荣誉。

2001年，程燕来到渝中区两路口街道从事社区工作，2003年她又开始担任中山二路社区党委书记。中山二路社区是典型的老旧社区，居民的住房基本都是20世纪八九十年代的旧房子，部分老楼没有专门的物业公司，整个社区可谓是配套差、设施旧、隐患多、环境脏。

程燕无时无刻都在思考如何为居民打造理想家园。经过多方奔走、汇报，在渝中区委与两路口街道党工委的支持下，她率先探索"党建＋物业"城市社区治理新模式，牵头成立了非营利性社会组织——中山二路阳光物业服务中心，建立了党支部，把无人管理的30栋老旧楼栋纳入集中管理，全面承接社区物业管理和背街小巷环境卫生等"老大难"问题。

自从有了"管家婆"，社区的环境发生了令人欣喜的变化，街巷干净整洁，私家车有序停在街道一侧的停车位里，居民楼院下增添了休闲座椅和绿植，大家的脸上洋溢着幸福的笑容。这一工作经验也因此获评"全国基层党组织社会治理创新案例"。

2022年4月，中山二路社区进行老旧小区改造，程燕将辖区48户漏水的房屋全都看了个遍，最终很好地解决了居民房屋漏水的问题。不仅如此，哪家有空巢老人需要照料，哪家有残疾人需要帮忙，哪里的环境卫生要重点打扫，她都了如指掌。

在程燕和同事们的努力下，中山二路社区面貌焕然一新：修整步道、运动球场，建成社区养老服务站、阳光食堂、阳光医疗卫生服务点、社区老年大学，增划停车位，推动公交站点设置，加装电梯……程燕敬业奉献的社区书记形象也牢牢地刻在了居民心中。

（渝中区文明办供稿）

敬业奉献

致敬词

想群众所想、急群众所急，用心用情用力解决基层的困难事、群众的烦心事。可谓是敬业奉献、守护社区万家灯火、为居民建理想家园的"造梦者"。

刘 昶

【小传】刘昶，男，1982年6月生，中共党员，重庆医科大学附属第二医院保卫科副科长。2017年9月，他成为黔江区金溪镇山坳村驻村第一书记，牵头打造"三金"品牌，带领全村80户建卡贫困户330人脱贫。先后被评为"重庆市模范退役军人""全国脱贫攻坚先进个人"。

2017年9月，刘昶服从重庆医科大学附属第二医院党委安排，作为重庆市卫生健康委扶贫集团驻乡工作队的一员，成为重庆市黔江区金溪镇山坳村驻村第一书记。

黔江区金溪镇是重庆市深度贫困乡镇之一，其中又以山坳村最为突出，该村地势崎岖、土地贫瘠，基础设施差，发展也落后。刘昶抵达次日就开始遍访村民，发现村里基本都是留守妇孺和老人，文化程度普遍不高，严重缺乏发展的内生动力。左思右想后，他根据"医院医用被服需求量大、护工人员紧缺"的情况，提出了"创办被服厂、组建护工队"的脱贫思路，并与村干部和村民一起协商出相关计划：一方面，将村里的妇女培养成专业护工，引荐至合作医院，促使他们有较为稳定的收入；另一方面，成立被服厂，主要解决贫困户、低保户、残疾人的就业问题。

有了好的想法，可谁来全身心牵头实施又成了一个难题。刘昶了解到老乡刘廷荣在湖北开了一家服装厂，熟悉服装生产；老乡田维仙在广州从事护工培训工作，有相关从业经验，但引人才"回巢"的难度可不小。为了让刘廷荣回乡创业，刘昶利用周末时间，驱车前往湖北咸丰登门造访。刘廷荣被刘昶这份做实事的诚意打动，最终同意回乡支持家乡发展。就这样，"金溪护工""金溪被服"扶贫品牌的相继亮相，让村民真切感受到了产业扶贫带来的红利。2020年，刘昶再出新点子，发掘当地丰富的竹资源，牵头打造"金溪竹器"。2020年，"三金"品牌被国务院扶贫办确定为中国扶贫交流基地重点参观点。

如今，刘昶虽已回到医院的工作岗位，但他给村里带来的向上向好的改变依旧在延续。

（渝中区文明办供稿）

敬业奉献

致敬词

在脱贫攻坚的道路上，敢啃硬骨头，善驱拦路虎，巧把"烂牌"变"好牌"，在山坳里"掘金"，让村民过上好日子。

袁建兰

【小传】袁建兰，男，1987年8月生，中共党员，重庆市江北区石马河消防救援站站长助理。参加消防工作18年来，参与灭火战斗、抢险救援5000余次，抢救遇险群众800余人，义务植树1000余棵。先后获得"全国十佳士兵""全国优秀共产党员""中国消防忠诚卫士"等荣誉。2021年11月，作为应急管理系统受表彰人员代表曾受到习近平总书记亲切会见。

袁建兰2005年12月参加消防工作，十八载扎根基层、十八载水火考验、十八载初心不改。

2020年8月抗洪抢险期间，袁建兰持续奋战一线，当洪峰来临，他与队员一道逆流而行，进入水淹区域搜寻出被困人员51人、转移受灾物资60吨，确保辖区群众"零伤亡"，将洪灾损失降至最低。在执勤战备与日常训练中，他既当战斗员又当驾驶员，只要工作需要，他总是出现在关键岗位上。面对改革，他不等不靠、迎改而上，主动请缨报名参加众多比武竞赛，并取得了优异的成绩。他还把经验及创新做法教给队友，一次次帮助刷新团体训练成绩。他对辖区情况了如指掌，每次灾情侦察、每次救援被困群众、每次发起灭火总攻，他都冲在最前面，喊响那句"跟我上"。

作为一名业务尖兵，他以超出他人数倍的努力和付出，保持着令人称奇的职业水准，他是全市唯一一位连续4次代表总队参加全国比武竞赛的消防员。2018年7月，他代表重庆市消防总队与东盟友好国家，以及中国香港、中国澳门等7支消防总队同台竞技。在"环桂"比武竞赛中带伤上阵，勇夺楼层火灾内攻操班组项目第一名，为重庆总队获得总成绩第二名立下汗马功劳。2019年7月，他代表总队参加首届"火焰蓝"消防救援技能对抗比武，取得团体第八、楼层火灾内攻操班组第七的优秀成绩。

作为一名灭火能手，他坚守在灭火救援的第一线。2009年9月3日，重庆市主城区内环高速高家花园大桥右幅桥中跨越50米长的区段发生火灾，起火点位于大桥箱梁内部，扑救难度极大。他带领攻坚队员每人背负20余公斤的装备器材，从桥面悬空索降至箱梁内部，冒着生命危险，顶着窒息的高温，纵深进攻近200米，成功找到起火点，又凭着顽强的意志和舍生忘死的战斗精神将大火扑灭。

（江北区文明办供稿）

敬业奉献

致敬词

初心不改、以身作为，临危不惧、赴汤蹈火，不愧是英勇无畏、守护百姓安危的烈火英雄。

唐小琴

【小传】唐小琴，女，1984年7月生，中共党员，重庆市合川区隆兴镇女儿碑街社区居委会委员。从事社区工作8年，为民服务默默无闻，面对火灾冲锋在前，重度烧伤好转后，不改初心，迅速回归社区服务群众。

2021年5月22日凌晨，睡梦中的唐小琴被电话铃声惊醒，接听后听到网格员急促地说："居民楼何光栋家烧起来了，火势凶猛……"她来不及多想，穿上衣裤，直奔火场。只见底楼的何光栋家燃起大火，浓烟滚滚，现场人影攒动、一片混乱。她立即组织疏散居民，冒着浓烟和高温与大家奋力扑火。谁也没料到，身后的汽油桶突然起火爆炸，火苗将她包围。顷刻间，她变成一个"火人"。随后，她被热心群众送到医院抢救。经诊断，她的面部、背部和头部烧伤面积达50%以上。在医院，她积极配合治疗，终于闯过了危险期。其间，她始终放心不下社区群众，待伤情稳定，她再次回到社区，回到住户身边。她用手机不断提醒接替她工作的同志，哪些困难户需要回访，哪些活动需要开展……

2015年10月，唐小琴出任合川区隆兴镇女儿碑街社区居委会委员，负责民政、妇联工作。她把社区视为自己的"家"，将自己看作群众的"服务员"，为社区100多户困难群众建立了书面台账，经常循环走访串门，帮忙做力所能及的事。即便是饭后带孩子散步，也不忘去看望空巢老人。她还主动联系两户建卡贫困户，给予细心周到的帮扶。无论是办证件，还是咨询政策，又或是调解纠纷，她总是有求必应，被社区居民亲切地称呼为"小琴妹"。

8年来，她坚持每半年走访社区居民685户、每月走访困难户157户，帮助住户代办事项1256件，调解家庭矛盾363件，组织妇女、留守儿童开展活动158场。

（合川区文明办供稿）

致敬词

敬业奉献

关键时刻"站得出"，危难关头"豁得出"，舍小家顾大家、以小我为大我，真是女儿碑街的"好女儿"。

王应鹏

【小传】王应鹏，男，1965年10月生，中共党员，重庆市巫溪县古路镇观峰村党支部书记。他带领村民做乡村旅游，发展集体经济，助力村民走上了致富之路。

2002年，王应鹏当选为观峰村党支部书记。自此以后，他以村为家、以民为重，心系百姓疾苦，维护群众利益，赢得了广大村民的信任和好评。

观峰村有着得天独厚的旅游优势，王应鹏上任之初就决定将乡村旅游作为观峰村发展的主要方向。他经常组织村班子成员学习理论知识，出村、出县学习考察经验做法，还多次组织全体村民代表召开院坝会议，研究发展思路，争取村民的支持和认同。

王应鹏说干就干，组织成立了重庆市江雅生态农业旅游开发有限公司，通过"集体控股、公司经营、成果共享"的方式，大力发展乡村旅游。他动员全村180户村民，将自有土地、山林等以实物入股，公司以现金入股，村集体以公共设施入股，共同支持发展乡村旅游。2021年，集体经济收入约95万元，户均增收2万元。此外，观峰村电商平台销售额达125万元，成功带动46户贫困户脱贫增收，户均销售额达4600余元，60%以上的农户都吃上了"旅游饭"。

生于观峰，长于观峰。王应鹏深受观峰孝德文化的滋养，他组织修建百米孝德文化长廊、孝德堂，策划开展孝德故事讲述和评选"孝德之星"活动，利用孝德榜样感染激励百姓群众。

如今，观峰村已成为一个环境美、生态优、村风正、民风淳的新农村，先后荣获"全国文明村""全国最美休闲乡村""全国乡村旅游重点村""全国民主法治示范村""全国乡村治理示范村"等荣誉称号，并于2020年成功创建国家AAA级旅游景区。

（巫溪县文明办供稿）

敬业奉献

致敬词

用行动和承诺，换得村里乡亲的信任；积极发展乡村旅游，带领百姓们发家致富。群众不会忘记，大山永远铭记。

张 伟

【小传】张伟，男，1987年12月生，中共党员，中国电科芯片技术研究院综合管理部副主任、党支部书记。注重科研生产、基层党建与人才培养密切融合，演绎出一首科技创新、基层党建、脱贫攻坚的协奏曲。

以智能感知为代表的重点领域信息化、智能化融合，是张伟开展科技创新平台建设、推动成果转移转化的主阵地。2016年以来，张伟成功争取到与重庆大学、重庆邮电大学、电子科技大学等渝蓉两地的科研单位，共建新型研发机构，试点成果转化。他从零开始，用一年时间牵头搭建了1个重庆市级众创空间，成功孵化多支中央企业"熠星"创新大赛团队。在他的努力下，"重庆市智能感知技术创新中心"顺利通过评审，被认定为2019年度重庆市技术创新中心，并获评为重庆市"青创工作室"。2020年，张伟牵头筹建了国家创新平台1个。

他十年如一日地努力钻研，提出了重点应对、统筹协同的项目管理操作方法，切实减轻了科研一线进度协调难题。2021年，他被评为第六批重庆市岗位学雷锋标兵；2022年，他被评为中国电子科技集团"杰出青年"。

张伟深知，党建促业务，业务强党建。他积极探索党建新模式，调整分设党小组，将党小组工作与智能感知创新链相联结，探索出基层科技创新型党支部"五个好"（好队伍、好阵地、好朋友、好声音、好成绩）的建设路径。同时，通过支部共建联盟、党员特色争创等形式，支撑多个国家重大工程项目有序开展。其所在团队孵化出了重庆市英才计划"创新创业团队"1支、"青年拔尖人才"2人，以及高校兼职硕导4人。

张伟还担任过驻村第一书记。期间，他因过度劳累，两次倒在脱贫攻坚的战场上，康复后又第一时间"归队"。经过两年不懈努力，他和村班子一起打造了1个村集体经济商标，带出了1个年营业收入突破百万元的村集体资产经营公司，带动近百名农户实现增收。此外，他积极争取社会力量，为贫困山区援建太阳能路灯，开展"梦想1+1""暖阳工程"，建成多座乡村小学"科技小屋"，等等。

（重庆高新区党工委宣传部供稿）

敬业奉献

致敬词

潜心钻研，是科技事业的骨干尖兵；积极探索，是基层党建的创新榜样；艰苦奋斗，是乡村振兴的先锋力量。干一行、爱一行、钻一行，勇做科技创新、基层战线的党建"追光人"。

张海洋

【小传】张海洋，男，1985年9月生，重庆市沙坪坝区磁器口消防救援站站长。参加"5·12"汶川地震救援，爬入废墟连续奋战14个小时。2020年嘉陵江2号洪峰过境，带领20名突击队员成功转移出90余名居民。荣立个人二等功1次、三等功2次，荣获"全国抗震救灾先进个人""全国应急管理系统先进工作者"等称号。

张海洋的微信名叫"沙磁守夜人"，在这个浪漫名字的背后，是他和一群人为了磁器口地区平安的日夜守候。作为重庆市沙坪坝区磁器口消防救援站站长、二级指挥员，当消防员18年来，他参与火灾扑救4000多起，抢险救援5000多次，抢救疏散1000多人……被群众亲切地称为"磁器口的守护神"。

每年春节是消防员最紧张的时刻，张海洋已经连续18年没在家吃过年夜饭，每次都是和队友穿着战斗服一起看春晚。烟花禁放之前，除夕夜的火警尤其多，经常是饭菜刚端上桌，火警就响起来；往往刚出完一次警，返程途中就又接到新的警情。一晚上多次出警，一顿年夜饭总也吃不完，归队时已是新年的清晨。有一次清水门附近的居民楼失火，他带领消防员来到现场，先阻截火势，防止蔓延，再指挥灭火。只见一位老人在警戒线外焦急地大哭："还有几万元现金在家里，这是我一辈子的积蓄啊！"他立马稳定老人情绪，问清现金存放位置，判断火势后，迅速冲进火场将老人的积蓄抢救出来。还有一次磁器口居民房失火，他又冒着生命危险从火场里搬出了正在燃烧、随时可能爆炸的煤气罐。不仅如此，救助小猫小狗也是张海洋的日常。

张海洋经常说，消防员是个很神圣的职业，不是因为自己有多伟大，而是因为"消防员"这三个字自带荣誉光环。"这些是在一次次灭火救援战斗中，那些牺牲的救火英雄换来的，也是群众给的，万分珍贵。"他说，只有激励自己做得更好，才配得上这身帅气的"火焰蓝"制服和"逆行者"的称号。

（沙坪坝区文明办供稿）

敬业奉献

致敬词

18年来，使命在肩、责任在心，面对挑战、迎难而上，解决好群众的操心事、烦心事、揪心事，是守护百姓安全的"沙磁守夜人"。

夏庆弟

【小传】夏庆弟，男，1963年9月生，重庆市璧山区人民医院大内科主任兼呼吸与危重症医学科主任，主任医师。无微不至照顾90多岁的高龄母亲和患病的岳父、岳母。"重庆市人民政府科技进步奖一等奖"获得者，其家庭曾获评"2021年全国最美家庭"。

在夏庆弟看来，医生最大的责任就是"救人"。为此，他勤于学科钻研，带领团队共同成长，克服重重困难，将呼吸与危重症医学科从普通临床科室建设成为全市首批知名的"重庆市医疗特色专科"。新冠肺炎疫情暴发后，他担任璧山区新冠肺炎医疗救治专家组组长、重庆市卫生健康委永川片区新冠肺炎巡回专家组成员，全面负责璧山区的疫情防控与救治工作和永川片区的疑难杂症专家会诊。

对于工作，夏庆弟问心无愧。但是对于家人，他却始终觉得亏欠。因为腰椎骨折，夏庆弟90多岁高龄的母亲常年靠轮椅行动。母亲岁数大了，听力大不如前，电视、手机都不会用，但幸运的是视力还正常。为了让母亲解闷，夏庆弟和妻子每天下班后都会推着母亲出去看看风景。每当看见有趣的花草，夏庆弟都会轻轻拍一拍母亲的肩膀，跟她分享。母亲的牙齿不好，对大多数食物都没有什么兴趣，唯独对猕猴桃情有独钟。夏庆弟找寻了多家水果店，终于找到一种不涩口的猕猴桃，即使价格昂贵，他也坚持每天为母亲送上一个新鲜的猕猴桃，只为看见她脸上的笑容。

夏庆弟的岳父患有帕金森病，岳母患有肺腺癌。他细心照顾岳父、岳母，从来没有丝毫抱怨。在他十年如一日的贴心照顾下，岳父、岳母的身体逐渐好转。夏庆弟的二哥早逝，夫妻二人主动承担起侄儿、侄女的教育，不仅解决其生活费用问题，还时常进行品德、学习和心理辅导。

夫妻俩言传身教，影响着家里的每一位成员。儿子、儿媳工作勤奋，孝顺老人。孙子、孙女乖巧懂事，立志成为像爷爷、奶奶一样的医生。侄儿、侄女长大成人，事业有成。夏家团结互助、和睦友爱的关系，让邻里交口称赞。

（璧山区文明办供稿）

致敬词

孝老爱亲

孝老爱亲躬于行，传承家风爱延续。实实在在的行动，诠释着孝老爱亲的传统美德，也让好家风一代代传承下去。

胡功琼

【小传】胡功琼，女，1966年6月生，重庆市忠县忠州街道香怡社区居民。十几年如一日，照顾高位截瘫的丈夫，用爱演绎风雨同舟的坚守与担当。

1988年，胡功琼经人介绍认识了丈夫孙纯海。丈夫兄弟姐妹多，家庭条件差。刚进门时，他们只分得一间残破不堪的土墙屋。面对这样的窘境，胡功琼没有嫌弃。夫妻俩凭着勤劳的双手，搞种植、养家禽，伴着两个女儿的降临，日子一天一天好起来。

然而，天有不测风云。2008年3月16日下午3点左右，孙纯海在修建民房时不慎一脚踩空，重重地摔到一楼坚硬的地面上，由于伤势较重，随即被转到县医院重症监护室。为了让丈夫得到更好的治疗，第二天，胡功琼将丈夫转到重庆新桥医院。经诊断，孙纯海的情况属于完全性脊椎骨断裂，高位截瘫。从此以后，孙纯海再也无法站立起来。这一年，胡功琼才42岁。

一个多月后，看到丈夫从重症监护室推出来，胡功琼悬着的心终于落下。由于难以支撑高额开销，胡功琼只好带着丈夫回到县中医院继续治疗，直到当年年底才出院。回到家后，轮椅便成了丈夫行动的唯一工具。

从此，胡功琼便成了家里的主心骨，穿睡洗漱、吃喝拉撒，她年复一年悉心照顾丈夫。丈夫因病经常无故发脾气，胡功琼也不和他计较，反而更加精心呵护他。为了避免丈夫生褥疮，胡功琼每两三个小时帮他翻身。为了不让丈夫的背部肌肉萎缩，胡功琼每天早中晚都要给他做一次按摩。她还到县城一家盲人按摩店学习专业的按摩方法，只为让丈夫早日康复。

因高位截瘫，丈夫下半身没有知觉，不能自主排便，胡功琼便亲手帮丈夫排大便。为了更好地照顾丈夫，她卖掉了乡下的房子，搬进了县城里小却温馨的家。她还在离家不远的小区找了一份清洁工的工作。虽然住8楼，但隔三岔五，她总要用轮椅把丈夫推到楼下，陪他呼吸新鲜空气。

如今，在她的悉心照料下，丈夫的身体日益好转，家里的日子也越来越好。

（忠县文明办供稿）

孝老爱亲

致敬词

十几个春夏秋冬，不离不弃；十几年如一日，无微不至。悉心照顾高位截瘫的丈夫，在患难之中用承诺编织起人间的大爱。

桂焕吉

【小传】桂焕吉，男，1952年7月生，重庆市綦江区篆塘镇盖石社区居民。视力、肢体三级残疾，妻子失联，母亲和儿子分别于2012年、2013年相继病逝，如今与岳母相依为命。二十三年如一日贴心照顾岳母，不离不弃，无怨无悔。

桂焕吉是一个苦命人。2007—2013年，短短6年时间，他的家庭遭遇了三次变故。2008年，妻子离家出走失联至今。2012年、2013年，母亲和儿子相继病逝。接踵而至的变故，让他痛不欲生。尽管自身残疾有诸多不便，但眼看着岳母孤苦伶仃，他决定重新振作起来。自此，他和岳母相依为命，多年来悉心照料岳母的生活起居。如今，94岁的岳母身体康健，她看着女婿常常感叹："我前世不知修了多少福，遇见了这样的好女婿。"

作为一名女婿，桂焕吉尽到了他的孝道。以前，岳母一直独居在綦江区篆塘镇联合村黄狮沟，衣食住行非常不便。1997年，他把岳母接到自己家中居住。妻子失踪后，照顾老人的责任就落在了他一个人身上。岳母患有心脏病，药不离身。一天深夜，岳母突然犯病，家中的药又吃完了，必须赶紧去买。但由于桂焕吉高度近视，深夜外出根本看不见路，摔倒在路上，跌破了膝盖，擦破了手。好不容易赶到街上，药房都关了门，他只好在门口又敲又喊，声音都沙哑了，终于买到了药。一回到家，他立即把药喂给岳母吃，看着岳母病情稳定，他才放下心来，才感到身上的伤口隐隐作痛。

在他最困难的时候，党和政府、社区给了他无微不至的关怀，为他办理了低保，让他不仅对生活充满了信心，也想着要回馈社会。2021年，洪灾过后，政府将他家纳入危房补助对象。但他多次向社区表示，想要捐出自己的建房补助款，为社区修建公厕出点力。由于这笔钱必须专款专用，社区婉拒了他的好意，他这份心意感动了周围的人。他常说，党和政府有恩于他，今后他会更加尽心尽力地照顾好岳母，也会为回报社会献出自己的一份心力。

（綦江区文明办供稿）

孝老爱亲

致敬词

百善孝为先，大爱克万难。人生的不幸，没有改变孝顺的本性，没有击垮生活的信心，用责任与担当、坚守与无畏，做一名尽孝的典范。

陈 萍

【小传】陈萍，女，1961年1月生，重庆市两江新区翠云街道云竹路社区居民。丈夫去世后，多年如一日照顾重病婆婆，用执着、勤劳和善良诠释了中华儿女孝敬父母的美德。

　　1983年，陈萍嫁进王家。此后，她就一直跟公公、婆婆住在一起，一家五口其乐融融。可好景不长，2003年底，公公患病离世，婆婆深受打击病倒在床，时常把自己闷在家里。为了让婆婆早日走出悲痛，空闲时，陈萍会主动带婆婆去街坊邻里串门、聊天、解闷。2004年，陈萍的丈夫因癌症离世。临终前，她向丈夫承诺，会把婆婆当成自己的母亲来照顾。

　　家里两个顶梁柱相继倒下，照顾年迈的婆婆和养育孩子的重担落在了陈萍一个人身上。而此时，婆婆因受亲人相继离世的刺激，精神崩溃，脾气越来越暴躁，经常无缘无故找麻烦。面对这种情况，周围人都劝陈萍趁年轻再嫁，可她却说："婆婆也是妈，只要她在一天，我就永远不会离开这个家。"

　　2014年，婆婆患上阿尔茨海默病，从开始忘事到生活完全不能自理，后来甚至无法正常吞咽食物。陈萍每天早上六点起床，为婆婆擦身、洗漱，给她按摩、穿衣。婆婆脑子清醒时还能配合，但犯病时会将漱口水乱吐，不愿穿衣服。这时，陈萍也不着急，用毛巾把漱口水擦干净，像逗小孩一样逗婆婆开心，趁机把衣服穿好。因为婆婆失忆，她不敢让婆婆一个人待在家里，犹豫再三，她最终放弃打工，24小时照顾婆婆。没有收入让生活变得更加困难，每天夜里婆婆睡下后，她就在灯下做手工活儿补贴家用。

　　小姑子心疼嫂子，想要接母亲去她那里住一段时间，但婆婆却死死拽住陈萍的手不松开。多年来，陈萍把照顾婆婆当成了生活里最重要的一件事，每天把老人打理得干干净净的。在她的悉心照顾下，患病多年的婆婆竟面色红润，精神一天比一天好，陈萍却看着一天比一天苍老。如今，年过六十的陈萍表示，依然会尽最大努力陪伴婆婆，给婆婆创造一个舒心、顺心、暖心的生活环境，直到终老。

（两江新区文明办供稿）

考老爱亲

致敬词

　　百善孝为先。以一颗拳拳的儿媳之心，多年如一日无怨无悔地侍候奉养婆婆，用实际行动诠释着孝道。

冯秋容

【小传】冯秋容，男，1973 年 7 月生，重庆市南川区逢秋荣高粱种植专业合作社理事长。外出务工 20 多年，返乡创业，种植蔬菜，带领乡亲们走上共同致富路。

　　冯秋容生于农村，只念到小学四年级便辍学了。1993 年，他南下广东务工，进入广东汕尾市果树研究所当工人。因为人憨厚、勤奋肯干，冯秋容获得了研究所同事的信任，手把手传授种植技术。他眼明手快、爱问爱记，又肯下苦功，只用了大半年时间便学得了一手水果蔬菜嫁接的好技术。

　　2014 年，在外打工 20 多年后，冯秋容决定回到老家大有镇水源村创业。经过一段时间奔波，他顺利种下了 100 多亩高粱。但由于当年天气干旱导致高粱减产，再加上市场行情低迷，高粱销路不畅。不到一年，冯秋容便亏光了所有积蓄。第二年，为了降低风险，冯秋容按不同季节分别种植了辣椒、白菜、花菜、茄子等不同品种的蔬菜，凭借水源村的天然地理优势，种出的蔬菜错峰上市，销量很好。尽管如此，由于基础设施未完善，用水无保障，发展依然困难重重。得益于政府的扶持，冯秋容又一步一步将资金、土地、技术、用水等难题一一克服。

　　经过多年学习和探索，冯秋容成为大棚蔬菜种植的行家里手。他凭着精湛的蔬菜嫁接技术和不怕吃苦受累的劲头，不断革新、推广种植技术，逐步扩大生产规模，推动绿色大棚蔬菜产业化、规模化发展，最终走出了困境。目前，他发展大棚蔬菜基地 200 余亩，在主城区、綦江、万盛、南川等地区建立了固定销售渠道，年产值达 150 余万元。

　　冯秋容在自我发展的同时，不忘带动乡亲们发展种植产业，增收致富。只要是愿意种植蔬菜的村民，他都无偿传授技术，并进行技术指导。此外，他的蔬菜基地还吸纳了 25 名贫困村民务工，让他们在家门口就能就业致富。

（南川区文明办供稿）

致敬词

自强不息

　　与土地为伴，潜心耕耘蔬菜种植；以村民为亲，奋力谱写共富篇章。带领乡亲们在田野上开掘希望，种下致富的种子，描绘幸福生活的美好蓝图。

王江桃

【小传】王江桃，男，2004 年 8 月生，重庆市石柱县特殊学校学生。尽管身患残疾，但顽强拼搏，克服重重困难获得多项游泳赛事奖牌。

因天生患有智力障碍，王江桃被评定为二级残疾。直到 9 岁，他才开始上学和学习说话，14 岁练习游泳，15 岁参加市级和国家级比赛。一枚枚沉甸甸的金牌和银牌，见证着这位水中"飞鱼"叱咤国内泳坛的精彩瞬间，也记录下这位农村孩子的"逆袭"之路。

王江桃自幼生活在一个特殊家庭，其父母皆为智力残疾人。他出生不久，母亲就离家出走，至今杳无音信。2013 年，王江桃被亲人送到石柱县特殊学校。学校教师发现王江桃的四肢协调能力好，便挑选他为游泳运动员。2014 年，在石柱县残联的帮助下，他开始系统练习游泳技术。对于一个患有智力残疾的农村孩子而言，要想取得成功，就要比常人付出更多的努力。踏入泳池，他一次次下水、憋气、换水、漂浮，虽然屡屡抽筋、呛水、咳嗽，但他没打过一次退堂鼓。每天放学后，别的同学背着书包欢快地回家，他却在泳池中不知疲倦地进行训练。

2019 年 8 月 25 日，全国第十届残运会暨第七届特奥会在天津体育馆拉开帷幕，王江桃作为重庆市体育代表团运动员参加了这次大赛。比赛鸣哨后，他一跃入水，在泳池中像一条"飞鱼"，挥舞着手臂，快速前进、冲刺，击起层层水花。他不负众望，在这次比赛中摘得 2 金 1 铜，载誉而归。2021 年 10 月 22 日，全国第十一届残运会暨第八届特奥会在陕西省举行，王江桃作为重庆市体育代表团运动员再次出征。比赛中，他又一次迎来突破：在男子 100 米蛙泳比赛中勇夺金牌，在男子 4×50 米混合泳接力赛中再添一金，在男子 50 米蛙泳比赛中获得一枚宝贵的银牌，在男子 4×50 米自由泳接力赛中再添一银。

走下领奖台，王江桃语气坚定地说："如果有机会让我再次参加游泳比赛，我一定再多拿一些奖牌回来，努力回报社会给我的关爱和温暖。"

（石柱县文明办供稿）

自强不息

致敬词

泳池中劈波斩浪，用汗水书写精彩华章；生活中自强不息，用坚韧守护青春梦想。一座座闪亮的奖杯，见证着青春逐梦的坚定足迹。

陈德福

【小传】陈德福，男，1957 年 7 月生，重庆市潼南区古溪镇熊家村村民。失明十余年，不等、不靠、不要，凭着坚强的意志种地养猪，走上了脱贫致富路。

因为家族遗传的原因，陈德福从小就患有夜盲症，随着年龄的增长，他的病情越来越不乐观。看着眼中的世界一点点失去光彩，他的心也跟着跌入谷底。在双眼彻底失明后，他回到熊家村老家。村"两委"得知陈德福的情况后，积极协调服务，帮忙办理了残疾人证，并为其申请生活补贴，鼓励他重振生活信心。陈德福凭着一股韧劲，开始摸索喂养生猪，种植玉米、红薯和蔬菜，渐渐成了村里人敬佩的自强不息模范。

"别看老陈眼睛看不见，但他人勤快、肯吃苦，什么都做得有模有样的，失明还能坚持做农活，令人十分敬佩。"周围村民谈起陈德福，都竖起了大拇指。

村民看陈德福干农活辛苦，总想在农忙时来搭把手，可他都会一一婉拒。他说："虽然眼睛看不见了，但身体其他器官都是健康的，可以用手摸、用耳听、用鼻闻，总会想出办法来做好每一件事情。"家中没有米了，陈德福就用手摸索着到谷仓装谷子，自己加工大米；到地里干农活时，陈德福的双眼看不见路，他就倒拿着锄头，一路轻敲着地面，用锄头手柄来探路。久而久之，他的锄头手柄已被磨成了一个光滑的斜面。挖红薯时，他用手摸到红薯藤再挖，挖出后再用箩筐挑回去。尽管他粗糙的手指沾满泥土，但他并不在意，因为手就是他感知世界的另一双"眼睛"。

如今，陈德福每年种着 3 亩地，粮食、蔬菜和肉类都能自给自足。2021 年，陈德福不光养了 20 只鸡鸭，还养了 7 头猪。为了把猪养得更肥，他每天都清洗红薯、削皮、切块、烧水、下锅、煮猪食……因为猪长得壮，很早就被人预定了，售卖后让他足足增收了 3 万多元。

陈德福常说，懒懒懒，饿得喊；勤勤勤，吃不赢。他坚信，眼睛看不见也不是什么天大的事，只要多花时间、勤劳肯干，一样能过上好的生活。

（潼南区文明办供稿）

自强不息

致敬词

尽管自己看不到光明，却给他人以希望；尽管自己看不到颜色，却让他人生活多彩。好比倔强的飞鹰、无畏的强者，只为灿烂的明天。

解放碑 / 佚名

2022 年 二 季 度

Chongqing Haoren Zhuan

封先涛

【小传】封先涛，男，1981年1月生，重庆市威通出租汽车有限公司出租车驾驶员，四星级"雷锋的士"驾驶员。

封先涛总是非常忙，因为他除了是一名优秀的出租车驾驶员外，也是一名爱心帮困标兵和重庆市"雷锋的士"志愿者。在看望留守儿童和孤寡老人、高考送考、无偿献血、义务植树等各种社会公益活动中，总能看见他的身影。重庆市出租汽车行业组织的各种重要应急运输任务，他也总是第一个报名参加。他参与志愿服务时长累计超过1600小时。

2013年，他帮助了一对素不相识的失子老人，与他们建立起了深厚的情谊。2019年长宁地震，他连续五天四夜奋战在抗震救灾一线。2020年，他每月从自己微薄的工资里拿出100元，资助酉阳的一名留守儿童读书。2021年，他为一名急需动手术的癌症患者捐献血浆。2020—2022年，他始终坚守抗疫一线，参与了沙坪坝区的阳性患者隔离转运工作……

2020年2月，重庆市"雷锋的士"总队群里发布了一条"83岁老人，因为肾衰竭，急需就医做透析，腿脚不便，走路费劲，需要预约出租车"的信息，封先涛第一时间响应："我去！"在第一次接送老人的途中，他了解到对方家庭状况后，做出了一个决定：长期义务接送老人就医，并且分文不取。无论是严寒酷暑，还是刮风下雨，他总会在每周星期二、四、六的清晨6点50分，在老人的小区车库等候，直至2022年3月老人离世，坚持了整整两年时间。

封先涛每天驾驶着"柠檬黄"行驶在重庆的大街小巷，用辛勤、真诚和出色的技术，把平凡的日子浇铸成快乐岁月。

（巴南区文明办供稿）

致敬词

助人为乐

　　赠人玫瑰，手留余香。"雷锋的士"学雷锋、做雷锋，用奉献传递温暖，以平凡造就非凡。

张光玖

【小传】张光玖，男，1976 年 9 月生，重庆市荣昌区九香月汤锅城负责人。自 2017 年汤锅城开业第一年的五一劳动节起，每年邀请环卫工人到店免费用餐。

自儿时起，张光玖便注意到勤劳的环卫工人总是起早贪黑，大家还在梦乡时，他们就早早开始清扫街道、角落。对环卫工人的敬佩，让张光玖老早就萌生了一定要请环卫工人吃饭的想法。

2017 年，张光玖开办了饭店，他没有忘记曾经的愿望。在那年的五一劳动节，他第一次邀请了几十位环卫工人到自家饭店免费用餐。"我感觉自己不仅是和他们一起用餐，也感觉是和小时候的自己一起吃饭。他们都在感谢我，说我是好人，但是我更感谢他们的付出，我们互相鼓励。那一次之后，我更坚定了每年和他们一起吃饭的愿望。"因为想把这件事坚持下去，他也更努力创业，让自己更有能力款待他们。

很多人都不理解他，明明事业才刚起步，应该多积累资金，请环卫工人免费用餐能给自己的事业带来什么好处呢？第一年邀请了把名气打出去就行了。他感叹："环卫工人这份职业可能在一些人眼里不算光鲜，但是我觉得，社会的运转离不开他们，他们从小就是我的榜样，也是我奋斗这么多年的一个动力。我邀请他们吃饭，不是为了回报，而是为了向他们致敬，感谢他们对我的影响、对城市的贡献。"每次聚餐时，他都和环卫工人坐在一起，像家人一样边吃边聊。他说："每年的这个时候我都很开心，虽然这只是一件小事，但是我想通过这些小事让更多的人看到环卫工人的辛苦，感谢他们的付出。"

张光玖做的远远不止这些。他热心公益事业，去西藏为当地群众干力所能及的事情；去荣昌区吴家镇看望脱贫户，帮助家庭困难的农民开展自己的事业。店里员工有困难，他总是尽己所能提供帮助。张光玖表示"社会需要这一件件小事"。在他的感染和带领下，已有 80 余家商户参加到公益活动中来，累计发放爱心资金 400 余万元。

（荣昌区文明办供稿）

助人为乐

致敬词

　　不忘初心，回馈社会，连续 6 年邀请环卫工人免费用餐，用自己的小善举温暖着人心，传递着大爱，引领着新风。

程志芳

【小传】程志芳，女，1976年8月生，重庆市垫江县黄沙镇长红社区工作者。独子不幸离世，作为母亲的她捐献儿子器官让3人重获新生。

"我仿佛感受到孩子还有呼吸，身体还留存着温度。"程志芳眼角泛着泪光，缓缓说道。程志芳原本有一个幸福美满的家庭。然而，天有不测风云。2015年，她9岁的儿子程凯患了脑瘤。本以为经过住院治疗已经脱离险境，可是2021年7月，脑瘤又突然复发。8月，她唯一的儿子被宣告脑死亡。

顷刻间，遭遇"白发人送黑发人"的刻骨之痛，悲伤之余，程志芳反复问自己：是让孩子安静地归于尘土，还是把对孩子的爱延及世人？最终，程志芳和家人做出了一个让所有人感动的决定：儿子的生命旅程无法继续，可是还有很多人饱含对生命的渴望。他们要将儿子身上健康的器官捐献给其他有需要的人，延续儿子生命的余晖！

在医院协调下，儿子的遗体捐献给了重庆市红十字会。一个肝脏、两个肾脏、两枚眼角膜，分别捐献给了北京、广州、上海三地的3名病人，让他们重获新生。当被告知器官移植成功的时候，程志芳心中充满了慰藉："没想到我儿子的身体，可以救助那么多人。"

对于程志芳的举动，一些亲朋好友曾表示不理解。"老人们思想比较保守，认为不该在逝去的人身上动刀子。"但程志芳认为，"为他人提供一点帮助，为社会做出一点贡献，我相信也是我儿子的心愿。儿子生前就是一个乐于助人的善良孩子，他如果知道自己的器官可以帮助其他人，一定会非常开心的。这是生命的延续，希望能让更多人关注到器官捐献。"

（垫江县文明办供稿）

致敬词　　　　　　　　　　　　　　　　　　　　　　　　　　　**助人为乐**

生命是一场不知终点的旅程，坦然面对亲人离世已属不易，捐献人体器官需要更高境界。勇于打破传统观念，用奉献点缀世界，值得大大点赞！

杨 霞

【小传】杨霞，女，1978年2月生，中共党员，重庆两江新区税务局鱼嘴税务所二级主办。数十年爱心助学，托举贫困学子的希望，她是受助孩子们深深感激的"重庆妈妈"。

杨霞出生在四川达州一个大山脚下的贫困家庭。初中毕业后，杨霞渴望继续读书，却因生活拮据面临失学。和她要好的6位同学每人出25元凑齐了她高中第一学期的学费，轮流带她到自己家住，农忙时和她一起干活。同学们的温暖相助，成为杨霞日后帮助他人的最初动因。

"彭水6岁贫困孤女琳琳，家庭极端困难，急需救助！"2011年，杨霞在网上看到这样一个帖子，她便立即前往彭水。了解到琳琳的爸爸、妈妈在她出生前后相继患病去世，只剩下祖孙二人相依为命，住在不足6平方米的油毡布棚内，杨霞对此感到十分心疼。她还得知，琳琳同村还有一家两兄弟，成绩优异但家庭极其困难，只有70余岁的爷爷奶奶照顾他们，也面临失学风险。杨霞向鱼嘴税务所党支部汇报情况后，联合龙兴税务所党支部，决定持续资助这3个小孩完成学业。

2017年，杨霞通过爱心人士认识了5个凉山彝族女孩。杨霞看到她们就像看到曾经的自己——渴望学习、想改变命运，却受限于家庭条件。她开始资助她们上学，鼓励她们走出大山。

2018年开始，杨霞与自己孩子就读学校（重庆市南开两江中学校）的妈妈们合计，每年收集、购买一些书籍，捐献给有需要的乡村学校。五年来，"妈妈团"分别为达州大风学校等乡村学校捐建了6个图书角、6000余本图书，为数百个孩子的人生路点亮知识的灯。

杨霞资助贫困学子的步伐从未停歇。2022年底，一位成绩优异的女高中生的父母因车祸离开人世，留下了她和6岁的妹妹，以及年迈的外婆。听到消息后，杨霞和几位妈妈立即为她带去了1万余元的爱心捐款，并号召29位"重庆妈妈"成立了长期提供帮助的爱心团队。这一次的爱心行程是漫长的，但杨霞有信心，"有我在大家就不会散，爱会持续传递下去"。

（两江新区文明办供稿）

助人为乐

致敬词

遇到了就做，有能力就帮。用爱照亮走出大山的路，铺就孩子们的锦绣前程。从初心出发的爱，比河流更长，比火苗更暖，比太阳更亮。

马 犇

【小传】马犇，男，1986年2月生，中共党员，重庆大学附属肿瘤医院综合科主治医生。外出用餐时遇到老人昏厥，他双膝跪地施救病人。

2021年5月3日傍晚，马犇正和家人在江北区的一家饺子馆吃晚饭。邻桌一位70岁左右的老人突然倒在家人身上，失去了意识。出于医生本能，马犇立即放下碗筷跑了过去，表明自己身份。在征得老人家属的同意后，他立刻双膝跪地进行现场急救。经过一分钟的心肺复苏，老人的右手突然动了一下，喉咙发出了轻微的哼声。接着，老人的双眼皮和双腿也轻微地动了动，逐渐恢复意识。争分夺秒间，马犇从死神手里抢回了老人的生命。随后老人被送往医院，经过后续治疗，已顺利康复出院。

面对老人儿子的感谢，马犇说道："这本是一件寻常事，救死扶伤是一名医生最基本的职业素养，我只是尽到医生的责任而已。"

作为医院的带教老师，马犇不仅要治病救人，还要传道授业。如果说"教学勤恳、工作认真"是同事们对马犇的主观评价，那多次获得"我最喜欢的带教老师"荣誉就是同学们对"马老师"最客观的褒奖。近年来，马犇年均带教规培实习医生50余人，年均培训300人次。"作为一名医生，救治病人应该是第一本能。如果需要权衡利弊、斟酌取舍，那就不要当医生！"这是马犇给自己学生上第一堂课时一定会说的人生忠告。

"但愿世间人无病，何妨架上药生尘"是马犇的夙愿。无论面对怎样的褒扬，马犇都很平静，他说："这都是我应该做的，我希望遇到危急情况时大家都能伸出援手，挽救更多的生命。"

（江北区文明办供稿）

致敬词　　　　　　　　　　　　　　　见义勇为

救死扶伤是最强烈的本能，为生命保驾护航是最执着的追求。致敬，医者仁心的本能召唤，挺身而出的共产党员。

胡朝伟

【小传】胡朝伟，男，1974年8月生，中共党员，重庆空港航空地面服务有限公司消防教员。退役军人深夜引导群众迅速灭火，维护人民生命财产安全。

2022年4月6日凌晨2点左右，"哎呀，不得了了，有车子燃起来了，这可怎么办啊？"一阵尖锐的呼救声打破了夜晚的宁静。原来，渝北区碧湖园小区5栋中庭停放的一辆白色轿车突发自燃。胡朝伟听到呼救声后，立即从床上坐了起来，来不及换睡衣，踩着拖鞋一口气就从4楼的家里跑到了1楼。他赶紧找到楼栋里的3个灭火器，凭借自己担任消防员的经验，很快找到了起火点。而在起火点的不远处就是一栋居民楼，旁边还停放着10多辆私家车。如果不及时控制火势，后果不堪设想。

胡朝伟提起灭火器开始灭火。当3个灭火器全部用完后，火势稍微小了一点儿。但他知道，如果这时没有新的灭火器接力，刚刚所做的努力都会白费。

胡朝伟一边指挥大家去各个楼栋寻找灭火器，一边拿着用完的灭火器给大家示范使用方法。正在此时，原本小了的火苗突然又大了起来，一下蹿起两米高。

"都离远一点儿！灭火器找到没有？来几个男同志，我们一起合作！"看着慌乱的现场，胡朝伟赶紧走到人群中指挥。好在没多久，大家从各个楼栋收集到了50余个灭火器。于是，胡朝伟和部分居民拿着灭火器继续对着起火点实施扑救。

随后，胡朝伟又指挥围观群众到一楼取水，等灭火器使用完后再用水来扑灭。细心的胡朝伟自己记了下时间，从开始灭火到火灾扑灭前后用了8分钟。此时，消防队员和附近的民警也赶到了现场开展后续工作。

胡朝伟却悄然离开现场。"作为一名党员、一名退伍军人、一名单位的消防教员，这是我应该做的。"事后，他平静地说。

（渝北区文明办供稿）

致敬词

见义勇为

人生有很多个8分钟。而这惊心动魄的8分钟，是退役军人退伍不褪色，彰显军人本色的8分钟；是一名消防教员训练有素，面对火情处置得当的8分钟；更是共产党员始终践行为人民服务这一宗旨，冲锋在前的8分钟。

龙令田

【小传】龙令田，男，1971 年 10 月生，重庆市大足区大融城购物公园保安队长。危急关头，他勇斗凶徒，保护群众不受伤害。

2021 年 7 月 7 日早晨 7 点左右，在商场当保安的龙令田驾驶摩托车搭送妻子到城区上班。途经大足区宝顶镇倒庙村 1 组时，妻子发现公路旁的乱石堆中有两人正在扭打，场面十分激烈，她赶紧告诉了龙令田。龙令田听后迅速将摩托车停靠在路旁，赶到乱石堆处察看情况，只见一名手中挥着约 1.4 米长东洋刀的男子，将另一名满脸是血的受伤男子狠狠地压在身下。见情况非常危急，龙令田来不及多想，冲过去大声吼道："把刀放下，我是保安！"他一连吼了好几声，持刀的男子没有理睬。为了避免伤者继续遭到攻击，龙令田果断瞄准时机，上前一把夺过持刀男子手中的东洋刀，扔到了旁边的草丛中，接着俯身搀扶伤者，并大声呼喊妻子拨打"110"和"120"。歹徒见龙令田身材高大、身手矫健，便仓皇逃窜。龙令田忙着照看伤者，顾不上追赶歹徒。没过多久，警察和医生相继赶到，龙令田协助医护人员将伤者送上救护车，又到派出所详细介绍了事情经过后，才赶到单位上班。

事后，有人问龙令田在面对歹徒的尖刀时是否会觉得害怕，龙令田答道："当时我什么也没有想，就想着赶紧救人。这是一条人命，比什么都宝贵。况且我自己是一名保安队长，平时就做安保工作，遇到这样的情况就应该直接上去救人，'该出手时就出手'。"

（大足区文明办供稿）

见义勇为

致敬词

危难时刻，挺身而出；生死关头，无畏担当。见义勇为的"中国好保安"，用英勇行为诠释了"路见不平一声吼，该出手时就出手"的英雄气概。

陈向东

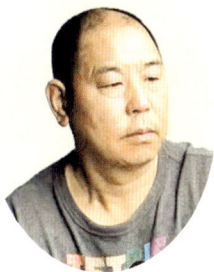

【小传】陈向东，男，1968年4月生，重庆市酉阳县钟多街道玉柱社区居民。8年来，他3次奋不顾身跳进家附近的河里救人，周围群众对他的善行义举赞不绝口。

2022年4月1日下午3点左右，家住水岸家园小区的陈向东路过酉城河闸门桥，此时不少人围在桥边，不远处有人在高声呼救。他走近一看，原来是一个男孩掉进了河里。当天的气温较低，下游水流湍急且水位较深，如果男孩被冲过闸桥，后果不堪设想。来不及多想，陈向东立即放下手中的东西，迅速脱掉外套、鞋子，跳入河中，游向男孩，从水中将男孩背起，使尽全力向岸边挪动。上岸后，确认男孩生命无碍，陈向东便穿上衣物悄然离开。

其实，这已是陈向东第三次在这一条河中救人了。第一次是在2014年的六一儿童节，10来岁的何某与小伙伴在闸门桥附近的河边玩耍，不小心掉入河里。正在河边钓鱼的陈向东毫不犹豫地跳进水里救人。第二次是在2016年的一个傍晚，正准备吃晚饭的陈向东听到楼下有人呼救。推开窗户，他看到一个女孩正在河里挣扎，便立马飞奔下楼，跳入水中将女孩救上岸。确认女孩安全后，他就转身回家了。两年后，陈向东到一名客户家安装窗户。客户看到陈向东觉得面熟，当得知其家住闸门桥附近时，才发现原来陈向东就是自己女儿的救命恩人。为了表示感谢，客户几次给陈向东送礼物，都被陈向东婉拒。

其实，陈向东一直很热心，帮助他人且不计得失，社区的人都很敬佩他。三十几年前，他家附近山林发生火灾，他就主动参与救火。如今，家中还保留着他当时获赠的毛巾。2020年夏天，由于连降暴雨，钟多街道城南社区熊家湾突发山洪，十几户村民的房屋被淹，陈向东与村民一起清理落下的石头、淤泥等，连续干了三天三夜，帮助村民们早日回归正常的生活。

（酉阳县文明办供稿）

见义勇为

致敬词

3次跳水救人，危急时刻挺身而出。不需要犹豫，因为这瞬间的动作源自心灵深处的善良。为真正的英雄点赞！

熊绍华

【小传】熊绍华，男，1971 年 3 月生，重庆市万州区龙宝出租汽车有限公司驾驶员。在捡到乘客装有 10 万元现金的皮包后，他苦寻失主，并在事后谢绝乘客的酬金。

2022 年 4 月 16 日晚上 9 点 50 分左右，一名 30 余岁的男乘客搭乘熊绍华的出租车从江山龙苑前往百安医院。到达目的地后，带着醉意的乘客付完车费便匆匆离开。熊绍华驾车到重庆三峡学院门前掉头时，听到后座有物体掉落的声音。靠边停车后，他看到后排座位下的大皮包，打开一看，里面是一沓沓百元现钞，估摸着约有 10 万元。

面对巨额现金，熊绍华没有一丝心动，他毫不犹豫地启动出租车，飞快地赶到百安医院门口寻找失主。寒风中，熊绍华不停询问来往的路人，打听是否有人在寻找遗物，然而直到深夜，他也没等到遗落皮包的失主。于是，他拨打电话向出租车公司值班人员报告，并将巨额现金交到出租车公司。

正在这时，熊绍华接到一名陌生男子的来电，称自己是遗落皮包的乘客，包里有 10 万元现金。"我已将捡到的皮包和现金交到公司，请你马上过来认领。"听到熊绍华肯定的答复，男子格外激动，不停地说着感激的话。

晚上 11 点 30 分，这名 30 多岁的男子带着一名孕妇急匆匆地赶到出租车公司。熊绍华一眼便认出了他是百安医院下车的乘客。经核对确认无误，双方现场清点完钱物，男子激动地握着熊绍华的手，并拿出现金想要表达感谢。熊绍华摆了摆手，婉言谢绝道："大家赚钱都不容易，不是我的钱，我一分不拿。"他笑着说完后，嘱咐乘客以后一定要看好随身物品。

据悉，熊绍华从事出租车驾驶工作以来，始终将"安全第一"作为行车的最高准则，25 年来从未发生过一起交通事故，做到了优质服务"零投诉"。作为重庆市"雷锋的士"的一员，他常年与同事关爱慰问贫困家庭、孤寡老人、孤残儿童，免费搭乘老弱病残乘客、接送高考学生超 500 人次。

（万州区文明办供稿）

诚实守信

致敬词

在金钱与道德之间，慨然选择拾起中华民族传统美德，守望送还了一颗至纯至美的心。

陈光芬

【小传】陈光芬，女，1967年3月生，重庆汇盛园林景观设计工程有限公司环卫工人。一次次拾金不昧的举动，体现着诚实守信的美德，为这座城市的美丽更增一份光彩。

2022年1月26日，陈光芬在金沙港湾路段清扫时，在某酒楼附近捡到一个棕色皮质背包。她打开一看，包内有厚厚的2万元现金、1台笔记本电脑，以及移动硬盘、若干纸质工程资料。面对这些财物，每月仅有2000余元工资的陈光芬感到两腿都在发抖。这段路没有监控，即便她将这些财物据为己有，也不会有人发现。但陈光芬还是毅然选择了报警，将失物交给前来处置的民警，并将此事报告了单位领导。了解完事情的来龙去脉，民警首先称赞了陈光芬的拾金不昧行为，清点了包内的物品，并根据相关纸质资料的信息通过警务信息平台联系上了失主覃先生。接到民警的电话，覃先生这才发现自己的棕色背包丢失的事。由于覃先生与家人已经回老家过年，他向环卫工人陈大姐再三表示了感谢。陈光芬说："哪怕我自己吃差一点、穿差一点，也不能拿别人的钱。只要自己踏实干，日子总会一天比一天好的。"

陈光芬当环卫工人有十余年时间。她所在班组负责的沙滨路土湾段是连接沙坪坝区和渝中区的主要道路，每年都有不少游客从这前往磁器口、歌乐山等景点，可以说算是沙坪坝区的"门脸"，事关城市形象。陈光芬在这平凡的岗位上，扫落叶、排积水、除淤泥，日复一日地为大家创造洁净的人居环境。沙滨路土湾段不管是在寒冬腊月，还是在三伏酷暑，都保持着干净整洁。

这不是陈光芬第一次拾金不昧，此前她也多次捡到财物，每次都想方设法物归原主，即便不能找到失主，她也主动将财物上交派出所或单位。

（沙坪坝区文明办供稿）

43

诚实守信

致敬词

拾金不昧，敬业乐群。"不拿别人一分钱"，绽放的是诚信之"光"；"不让道路留一粒尘"，焕发的是城市之"芳"。

刘 旭

【小传】刘旭，男，1992年9月生，中共党员，二级警司，重庆市公安局渝中区公安分局大阳沟派出所民警。他创新运用"互联网＋警务"模式，在出警执勤、疫情防控、抗洪抢险、志愿服务等任务中表现突出。

刘旭身上的"标签"很多，是社区居民眼中的"贴心人"，是邻里矛盾纠纷中的"和事佬"，还是自编自导自演系列普法短视频的"搞笑主播"。

社区民警的警务工作烦琐，但从刘旭的脸上很难看到疲惫。他喜欢扎在群众堆里，对辖区情况了如指掌，被同事和群众称为"社区里的活地图"。其实要当"活地图"并非易事，邹容路社区地处解放碑商圈核心位置，辖区面积约为0.2平方公里，实有人口3522人，有写字楼12栋、居民楼18栋，是重庆典型的新老楼宇并存的开放式社区。为此，刘旭在日常工作中总结出"细心、耐心、热心、交心、静心"和"脑勤、口勤、手勤、腿勤"的"五心四勤"工作法，积极帮助大家排忧解难。

2018年11月，辖区80多岁的罗婆婆找到刘旭，想让精神异常的儿子住院治疗。为此，刘旭多方奔走，多次与医院沟通协调，终于有医院同意接收。辖区有名孤儿，刘旭得知后主动为其联系学校，长期对口帮扶，并在派出所牵头成立"邹容路上好青年"志愿服务队，筹建爱心帮扶公益基金，大家为孩子送衣服、文具，陪孩子庆祝生日、过儿童节，让孩子多了一群"警察爸爸"。

工作中，刘旭不仅是个实干家，还是个善于思考的巧干者。为了推动"枫桥经验"更好在基层落地生根，刘旭深入学习"老马工作室"的先进工作经验，参与创建了邹容路社区"小马工作室"，累计化解矛盾纠纷300余起。他以居民身边事为素材，以反诈防骗、治安防控、法治宣传等为主要内容，精心制作"大阳沟故事""刚旭说法"等系列短视频30余条。"每一件普普通通的小事，都是关乎居民获得感、幸福感、安全感的大事。你待群众如亲人，群众就会把你我当成贴心人。"刘旭说。

（渝中区文明办供稿）

致敬词

敬业奉献

平凡琐碎皆常态，点滴小事铸警魂。用耐心的坚守和付出，给千家万户带去温暖和平安，也让市民群众感受到了平凡中的伟大、琐碎中的崇高。

刘小强

【小传】刘小强，男，1983年9月生，重庆隆鑫通用动力股份有限公司技术中心动力系统与控制研究所所长。他扎根一线，用新技术赋能汽摩产品研发，是新时代青年人敬业奉献的典范。先后获得"重庆市劳动模范""全国劳动模范"等荣誉称号。

大学毕业后，刘小强加入隆鑫通用动力股份有限公司从事技术研发工作，从一名基层的技术员做起，逐渐成长为一名技术尖兵、行业科技创新领军人。

十余年间，刘小强带领团队完成各种技术创新项目1000余项，开发的计算机模拟仿真分析（CAE）技术的应用，使公司产品开发完全实现了自主创新，掌握了核心技术。自主研发的通用发动机G200F、G210F、H200等，性能与质量在行业内领先，累计销售收入达20多亿元。

随着新能源、物联网、5G、大数据、智能化技术的发展，刘小强带领团队开始研究新能源三电系统、车联网大数据、智能化无人驾驶等技术。经过3年努力，已具备发动机EMS、电机MCU、电池BMS、混合动力HCU等控制系统自主开发能力，打破了长期依赖国外供应商的局面，其中混动系统HCU、发动机EMS、新能源三电控制等在行业处于领先水平。

在提升个人能力的同时，刘小强还将自己的技术成果和工程经验毫无保留地传授给团队成员。通过现场培训、实际操作、工程训练，CAE仿真团队也不断壮大，由最初的两人发展到现在的70余人，所内技术人员专业技能、业务能力日渐娴熟。他的团队逐渐掌握了两轮车、三轮车、发动机、发电机、新能源汽车、无人机等产品动力系统开发的核心技术，取得了若干创新成果。同时，他在工作中积累了丰富的基础数据与项目经验，形成了规范的操作流程，制定了分析标准，建成了数据库，为产品开发提供了强有力的体系保障。

（九龙坡区文明办供稿）

敬业奉献

致敬词

在平凡的岗位上，用奉献担当演绎责任，用坚韧执着谱写辉煌。这是操守、是品格、是人生境界。

朱 宇

【小传】朱宇，男，1967年3月生，中共党员，重庆市合川排水有限公司党支部书记、执行董事、经理。他潜心研究城市污水排放工艺，把牢排放关，为三江环境治理做出了特殊贡献，被评为重庆水务系统"双创工作先进个人"。

2009年，朱宇调入重庆市合川排水有限公司担任副总经理，从此开启了他治理污水的人生历程。他严格坚守"污水应收尽收、污水处理达标排放"的目标，不让一滴被污染的水流入美丽的三江。

2018年，朱宇因业绩突出，晋升为公司党支部书记、执行董事、经理，平台更大了，朱宇一头扎进科技创新领域。2019年夏天，朱宇带领公司技术团队冒着高温酷暑驻守厂区20多天，反复调试探索，完成城区"污水处理厂曝气系统改造工程"，降低了生产现场环境噪声，每年节约电耗成本约110万元。十多年来，朱宇带领技术团队刻苦钻研，攻克一个又一个技术难关，先后完成"奥贝尔氧化沟自动出泡除渣成套装置""二沉池新增自动升降式出渣斗"等13个环保创新项目，获得国家新型实用专利8项。朱宇瞄准污水治理核心指标，优化过程管理，率先在重庆污水治理行业制定了"成本定额管理标准"，每年为公司节约成本200余万元，开创重庆水务集团定额管理之先河。

朱宇是个实干家，凡是棘手难事，总是率先垂范。2022年，合川城区遭遇特大洪灾，城市排污管网面临巨大的考验。他带领公司人员奋战抗洪抢险一线20多天，与大家一道清淤排险、更换井盖，确保城市排污管网正常运行。朱宇还是环保宣传的践行者，在世界水日、环境保护日等重要时间节点，他带领员工走上街头，走进社区和学校，宣传环保知识，清理垃圾。他发起污水处理厂线上"云参观"活动，自己挂帅当主播，以精彩的直播讲解，让2.4万市民直观了解城市污水的处理过程。

（合川区委宣传部供稿）

敬业奉献

致敬词

秉承大禹精神，坚持多年治污，用对环保事业的坚守和对科技创新的执着，为秀美三江贡献力量。

林 平

【小传】林平，男，1971年11月生，中共党员，重庆市璧山区正兴镇河堰村党总支书记、村委主任。引进企业，发展乡村旅游经济；整治居住环境，加强基础设施建设；创新机制，开展乡风治理……带领农民走在乡村振兴的大道上。

以前的河堰村是当地有名的"后进村"，集体经济负债30万元，村里基础设施薄弱，阵地建设滞后。林平上任后，大力发展乡村旅游，壮大集体经济，村集体年分红4.5万元。他引进中铁十九局、中交集团重庆北湾建筑设备租赁有限公司，年创村集体收入30万余元，还吸引了家庭农场等企业扎根落户，通过保底分红、务工收入、利润分红等方式，实现全村户均年增收3000余元。在他的带领下，河堰村从"后进村"变成了远近闻名的"先进村"。

他还大力推动"党建引领乡风治理"，带头帮助十几户重点对象整治居住环境，邻里乡亲看到环境得到了明显改善，也开始主动加入进来。经过长期努力，河堰村的人居环境得到整治，还申报落实了河堰村人居环境示范点、示范线建设和110户农房提升工程建设，安装太阳能路灯270盏，建设公路11公里，绿化美化公路7公里，修建人行便道20公里，消除整治农村危旧房500余户，村交通条件和村容村貌得到了极大改善。

此外，他还创新打造"邻礼讲堂""乡邻说事""乡村好邻里评选"，积极完善"敞开说—大家议—齐心办—乡邻评"的闭环议事规则，把"话筒"交给群众，实现村组的事大家管、大家议、大家办，切实把各类矛盾纠纷化解在基层。

如今，走在润天河农庄里，新鲜的瓜果挂满枝头，农场里到处可见萌态可掬的小动物；游客们在田间采摘，在池塘边钓鱼，或是带着孩子在萌宠乐园游玩。看到家乡的喜人变化，林平的干劲更足了。

（璧山区文明办供稿）

致敬词

敬业奉献

以新农人的使命、领头雁的担当，带领村民迈向新时代美好生活，绘制和美乡村的美丽画卷。

刘方琼

【小传】刘方琼，女，1979 年 7 月生，重庆市永川区永荣镇白云寺村村民。照顾奶奶近 40 年，用行动诠释"你养我小，我陪你老"。

"1983 年，父亲发生意外溺水身亡。当时奶奶 62 岁、爷爷 63 岁，母亲既要照顾我，还要照顾弟弟，日子非常艰难。"回忆起艰难岁月，刘方琼眼含泪光。两年后，迫于生计，没有一技之长的母亲带着年幼的弟弟改嫁了。

从那时起，刘方琼便和爷爷奶奶相依为命，小小的刘方琼就开始做力所能及的家务活和农活。长大后，出落得亭亭玉立的刘方琼吸引了不少年轻小伙追求，但她只有一个条件：要娶自己就必须"倒插门"，照顾爷爷奶奶一辈子。这个条件吓退了不少爱慕者，却感动了朴实的农家汉子李清洪，他们携手承担起了家庭的重担。

"从 1999 年我与李清洪结婚至今，因为担心爷爷奶奶夜间需要茶水或病痛时没人帮忙，我们就在一间屋子里安放了两张床，同屋居住。"刘方琼回忆道。2001 年，爷爷生病了，夫妻俩四处借钱给爷爷治病。2002 年爷爷去世时，家中已是一贫如洗，夫妻俩又四处借钱，让爷爷入土为安。

2004 年，因为房屋完全垮塌，刘方琼带着奶奶住到婆婆家。后来，夫妻俩通过努力打拼，不仅还清了外债，还重建了两层小楼，日子一天天变好。

刘方琼几十年如一日悉心照料奶奶。冬天太阳出来时，刘方琼把奶奶带到院子里坐坐，晒晒太阳，呼吸新鲜空气；夏天天气炎热时，她坚持每天都给奶奶擦洗身子，换洗衣裤。吃饭时，她总是把肉和菜切得细细的，只为让奶奶多吃一点儿。奶奶生病时，她和丈夫背着奶奶到医院治病，每天精心照顾，从无怨言。直到 2022 年 9 月，101 岁高龄的奶奶在爱的陪伴下与世长辞。

（永川区文明办供稿）

孝老爱亲

致敬词

"你养我小，我陪你老"，近 40 年祖孙间的相依相伴，让人看到了中华民族孝道的传承。

彭先述、曹兴梅

【小传】彭先述，男，1952年12月生，中共党员，重庆市铜梁区渝大医院原党支部书记；曹兴梅，女，1952年12月生，重庆市铜梁区巴川街道东方社区居民。古稀夫妇20年倾尽所有，只为给残疾弃婴一个幸福的家。

2003年5月3日，一个刚出生的女婴被遗弃在原铜梁县妇幼保健院附近。妇产科医生彭先述在医院的杂物室里第一次看见这个婴儿时，婴儿的肚子上吊着脐带，额头上还有一个留置针头，全身上下有许多蚊虫叮咬后的红疙瘩。彭先述立刻拿来温开水，用棉棒沾水给孩子湿润嘴唇，再将水一点点喂下。简单为婴儿处理后，彭先述赶紧回家和退休的妻子曹兴梅说明了情况，两人心生怜悯，在征得部门领导同意后，将婴儿抱回了家。

因为彭先述已有一儿一女，夫妻俩决定暂时收养，并给婴儿取名"多多"，希望她今后快乐多一点，幸福多一点。然而，多多却经常生病，更不幸的是，在多多七八个月大的时候，夫妻俩发现她不会翻身、不会爬，便带她到重庆新桥医院检查，结果被确诊为脑瘫。这一情况吓退了当时准备收养的几个家庭。于是，彭先述全家决定让多多成为他们永远的家人，并取名为"彭谊多"。

从此，彭先述夫妻踏上了漫长的寻医之路。十几年里，从重庆到北京，夫妻俩带着多多四处求医。多多先后做了3次大手术，治疗费用达上百万，夫妻俩却从未想过放弃她。皇天不负有心人，在夫妻俩的精心照顾和耐心陪伴下，多多经过漫长的康复训练，终于可以依靠辅助器具缓慢行走。虽然无法像正常人一样生活，但多多积极乐观，会做力所能及的家务，也会照顾关心家人。

如今，彭先述夫妻俩已年至古稀，身体也不好，多多以后的生活成了夫妻俩最牵挂的事。为了让多多多一些生活保障，2017年，退休的彭先述接受了渝大医院的返聘。夫妻俩十分节约，把省吃俭用省下来的每一分钱都存入了多多专用的"小金库"。

（铜梁区文明办供稿）

致敬词

孝老爱亲

一个决定，从此命运相系二十载；倾尽所有，只为给弃婴一个幸福的未来。年至古稀，初心不改，用行动证明岁月无常，人间有爱。

甘桓毓

【小传】甘桓毓，女，1997 年 12 月生，重庆市潼南区古溪镇惠光小学教师。从带着母亲上大学到带着母亲工作，她悉心照料重病的母亲，用行动诠释孝老爱亲的传统美德。

甘桓毓读小学时，母亲不幸患上脊髓空洞症，全身瘫痪。在母亲住院治疗期间，父亲扛起了家庭责任，一边辛勤劳作，一边悉心照料妻子。虽然母亲最终转危为安，不过也失去了劳动能力，连走路、吃饭等基本生活也需要人看护。

父亲对家庭的无私付出感染着甘桓毓，她努力学习，考入重庆师范大学。不幸的是，甘桓毓拿到通知书后不久，父亲却因病去世。去世前，父亲叮嘱她一定要照顾好母亲，并决定捐献自己的遗体供医学研究，回报社会各界对他们家庭一直以来的关爱。

从此，甘桓毓成了家里唯一的顶梁柱。为了照顾好母亲，她决定带着母亲去上大学。上大学期间，甘桓毓每天早晨五点多就起床，给母亲穿衣梳洗，洗菜做饭。母亲握不稳筷子，她就一勺勺喂母亲吃。等母亲吃好后，她再收拾碗筷，跑着去上早读。白天，趁课间休息时间，她都要跑回家照顾母亲，哪怕短短的 20 分钟也要计划利用好。晚课结束，她又立即回家给母亲烧水洗漱，等母亲睡着后再完成作业。夜里，母亲常因病痛踢被子，她就会起来很多次，耐心为母亲盖好被子。

那段日子里，她们母女得到了国家、学校和社会的温暖关怀。母亲叮嘱她要努力学习，不能辜负大家的关照。带着这份沉甸甸的爱，甘桓毓不仅在学业上勤奋刻苦，连年获得奖学金，还在课余时间积极参加竞赛和志愿服务等各类活动。

2017 年大学毕业，甘桓毓通过了教师招聘考试，被安排到重庆市潼南区古溪镇惠光小学工作。她又把母亲带到了学校，边工作边照顾母亲。为了让母亲不寂寞，甘桓毓还带着母亲参加校内外活动。每次出差，她都会带上母亲。出门前，她会仔细整理行装，尽量考虑稳妥，确保母亲在路上舒适。她说："虽然很累，但一看到母亲欣慰的微笑，就觉得一切付出都值得。"

（潼南区文明办供稿）

致敬词

孝老爱亲

是默默奉献的辛勤园丁，也是无怨无悔的懂事女儿，用自己最美好的年华，演绎人世间最宝贵的真情，用平凡的实际行动，将中华民族孝老爱亲的传统美德发扬光大！

唐大焱

【小传】唐大焱，男，1984年7月生，重庆叶韵文化发展有限公司总经理、重庆五谷粮食画非物质文化遗产第五代传承人。遭遇意外生命垂危，几位至亲相继离世，从困境中走出的他，仍然坚强勇敢地面对生活。

2008年9月25日，唐大焱在安装粮食画时不慎从10米高的画室窗台坠落，造成全身20多处严重骨折、右肺严重挫伤。因伤势太重，当时医生断定他生还的概率极小。关键时刻，亲情的牵绊和对五谷粮食画的极度热爱激发了他对活着的渴望。凭着顽强的意志和生命力，唐大焱创造了奇迹。

在家卧床数月后，2009年3月，唐大焱开始咬．紧牙关坚持做康复训练。在家人的持续鼓励下，经过长达半年的训练，刚刚能够依靠拐杖支撑独立行走的唐大焱便开始创业，忍着身体上的疼痛苦练五谷粮食画技艺。然而，创业刚起步，爷爷、婆婆、爸爸、妈妈等至亲就先后过世，年仅26岁的他再次遭受巨大的精神打击。

面对祸不单行的人生逆境，唐大焱没有一蹶不振，而是努力克服身体不便，继续自己的创业之路。2011年10月，唐大焱成功创办五谷粮食画微型企业——重庆叶韵文化发展有限公司。凭借精湛技艺，他积极参加全区、全市、全国的各类艺术赛事和残疾人专项赛事，先后斩获多项大奖，创办的微型企业也获得许多荣誉。

从困境中走出后，唐大焱开始思考如何回报社会。作为重庆五谷粮食画非物质文化遗产第五代传承人，他经常深入学校和村社开展免费教学，让更多人了解这门技艺。此外，他长期参加捐资助学、扶贫济困等公益事业，累计捐款捐物共计20余万元。他说："帮助更多的人走出疾病、残疾等困境，让他们重拾信心，靠双手去创造属于自己的美好生活，这是我对曾经关心、帮助、鼓励、支持过我的好心人最好的回报。"

（北碚区文明办供稿）

致敬词

自强不息

五谷粮食锻造筋骨，让自己负重前行；叶韵文化传承非遗，助他人走出泥淖。从困境中不断站起，便是不断登上生命的最高峰。

余木兵

【小传】余木兵，男，1950年7月生，重庆市石柱县洗新乡丰田村村民，重庆兰曦工艺美术品有限责任公司高级艺术顾问。古稀老人传承棕编工艺，匠心编织"五彩人生"。

一片普通的棕树叶，胡须银白、精神矍铄的余木兵老人拿在手里，手指上下翻飞，拉、叠、剪、穿、扯……短短两分钟时间，一片片棕树叶便变成一只只惟妙惟肖的蚂蚱，令人拍手称奇。

为了一句"老祖宗留下来的手艺不能丢"的祖训，余木兵12岁时就边干农活边跟着伯父学习棕编技艺。当时，伯父白天要干活，他就放牛，晚上再到伯父家学艺。晚上没有煤油灯，他就用准备好的松脂来照明。经过60年的融会贯通，余木兵的棕编技艺已达到炉火纯青的境界，不管是天上飞的、地上跑的，还是水里游的，他只要见过，就都能用棕树叶编织出来，而且栩栩如生。

2020年春节期间，孙女把他教自己棕编技艺的过程拍下来发到网络平台，在快手等短视频平台收获粉丝100余万人，赢得1000万余次点赞。余木兵还到洗新乡小学校开设棕编技艺课，让孩子们学习这门技艺；应邀到北京等地参加棕编非遗作品展和座谈活动，让石柱土家的这项传统老手艺焕发出勃勃生机。

曾经，余木兵将精心编织出来的棕编工艺品拿到街上去卖，村民们嘲笑他"不务正业"，就连家人也不理解他，觉得"这东西赚不来钱，不好好种地琢磨这些有啥用"，但余木兵只是笑笑，并不做声。如今，虽然已经70多岁，余木兵仍然对生活满怀希望。

余木兵不仅通过自己的辛勤劳动带领全家人脱了贫，而且还打定主意，要尽自己的绵薄之力，让棕编这项传统手工技艺活起来、传下去。

（石柱县文明办供稿）

自强不息

致敬词

坚守初心、独具匠心，用一片棕叶编织出自己的"五彩人生"。古稀老人用实际行动说明，只要积极向上、努力拼搏，美好生活的梦想就一定能够成真。

刘绪海

【小传】刘绪海，男，1965 年 12 月生，重庆市巫山县官渡镇双月村村民。身残志坚，勇做产业发展带头人。

1993 年，刘绪海驾驶货车运输货物，途中发生严重车祸。当时家庭经济条件有限，因为医治不及时，导致他右手被截肢。但刘绪海不甘受命运摆布，2010 年他向亲朋好友借资 150 万建起了一个页岩砖厂。刚开始两年生意还不错，殊不知，2013 年遇到小产权房地产风暴，几个房地产老板因欠款过多而选择"跑路"，欠下刘绪海的货款总计达 120 余万元。

货款收不回，但自己欠别人的钱要还，这该怎么办？刘绪海变卖了场镇的房子和两个门面，还掉一部分债务，但剩下的钱暂时无法偿还。他只能先安抚债权人的情绪，承诺每个月按时还一部分款，总算渡过了眼前的难关。巨额债务使原本贫困的家庭变得更加艰难，但刘绪海心里始终铭记，他欠的不仅是钱，更是对债权人的一个个承诺。所以，刘绪海再苦再累也要拼命挣钱，一点一点把债还清。

经过多番思考，刘绪海结合县里出台的大力加快发展脆李产业的意见和规划，萌生了发展脆李产业的想法。2015 年，在当地干部的指导与帮助下，刘绪海自筹资金种植脆李。为了节约成本，他一个人种植脆李苗、一个人进行管护。皇天不负有心人。2019 年，刘绪海的脆李迎来了丰收，一共卖出 17 万元。就这样，他逐年扩大脆李种植面积，收益稳步上升，债务也逐年递减。

自己发展起来的刘绪海萌生了带动更多人发展的念头。他与其他 5 家种植户联合成立了巫山县娃娃包水果种植专业合作社，聘请周边 20 余名村民在合作社务工，其中 8 人为残疾人。一年下来，每个务工人员也有 7000 元左右的收入，顺利实现脱贫增收。

风雨之后，终见彩虹。对于未来的规划，刘绪海说，他将进一步拓展市场，发展产业，争取打造一个残疾人车间，为当地残疾人提供更多的就业机会，让他们都能拾起信心，看到光明。

（巫山县文明实践中心供稿）

致敬词

自强不息

身残志不残，勤劳创业奔小康；独富不算富，带领村民齐发展。不屈从于坎坷的命运，在曲折的人生中挺直脊梁；自立自强创造幸福生活，无私无畏带领他人共同致富。

洪崖洞 / 陈勇

2022 年三季度

Chongqing Haoren Zhuan

谭 婷

【小传】谭婷，女，1992 年 11 月生，中国首位聋人律师。她用一双"会说话"的手，把正义的声音带到每个无声的角落，让听障人士感受到正义之光。

谭婷出生于四川省凉山彝族自治州，8 岁时因为一场医疗事故丧失听力。13 岁那年，谭婷的父母将她送进特殊教育学校。凭着认真刻苦的劲头，谭婷接连跳级两次，并如愿考上了重庆师范大学。

2017 年，谭婷大学毕业。找工作时，她偶然看到中国手语律师第一人——唐帅在招收聋人做助理的信息，她积极投递简历，并顺利通过了面试。进入律师事务所后，唐帅给谭婷的任务是做好聋人委托人和听力健全人律师之间的桥梁。为了方便沟通，失去听力后就再没开口说过话的谭婷开始进行发音练习。在协助唐帅接待前来求助的聋人委托人时，谭婷意识到，聋人群体在面临法律问题时常处于"哑巴吃黄连，有苦说不出"的状态，她希望自己能成为既懂手语又懂法律的专业人才。

2020 年，在谭婷第三次参加司法考试的前一周，母亲被诊断为癌症晚期，这个噩耗让谭婷一度崩溃。但想到付出的努力和母亲的期望，谭婷含泪走进考场，完成了考试。最终，三年的辛苦付出没有白费，谭婷通过了司法考试，成为全国首位通过司法考试的聋人。因为没办法出庭，谭婷选择了普法这项工作。她在短视频平台上注册账号，定期推出普法短视频和直播讲解。她还与大渡口区残联一起走进社区，为聋人开设普法讲座。现在，谭婷的手机微信好友人数已经将近 4000 人，全是找她咨询的聋人，而她帮助过的人数，远远大于这个数字。

2021 年 1 月，谭婷和唐帅受邀担任西南政法大学 2020 级卓越公共法律服务人才实验班的外聘教师。在他们的带动下，越来越多的人为聋人提供更加精准的法律服务，唐帅再也不是中国唯一一个手语律师。在不远的将来，谭婷也将不再是中国唯一一个聋人律师。

谭婷的办公桌上用便签写着这样一段话：我想用一双"会说话"的手，把正义的声音带到每个无声的角落。这是谭婷对自己的期望。

（大渡口区文明办供稿）

致敬词

助人为乐

十指翻飞，把正义的声音带到无声角落；坚韧不拔，用法律的武器开出一条默路。用责任与爱心，诠释了正义有声、公道人间。

何吉春

【小传】何吉春，男，1975年1月生，重庆市江津区德感街道退役军人服务站工作人员。三十余年始终怀着诚挚的爱心奉献社会，从最初自己一人行善，到带领全家行善。

1995年，何吉春在德感兽医站工作。那时的收入并不高，但他省吃俭用，捐款资助贫困大学生完成学业，前后加起来有25万多元。何吉春说，年幼时好心人帮他交了3.8元的学费，圆了他的上学梦，现在自己有能力了，也应该帮助下一代完成学业。

2012年，德感突发洪水。何吉春自掏腰包买了一艘机动橡皮艇开展抢险救援工作。3天时间里，他用这艘橡皮艇成功营救出被困人员56人。2020年，德感又遭洪水袭击，轮渡码头处水流湍急，手动船根本无法靠近。何吉春又开着他的机动橡皮艇进去，把被困村民全部营救出来，66个鲜活的生命才没有被洪水吞噬。

2022年大年初七晚上，妻子的一名学生家中突发大火，家里被烧得一干二净。得知消息后，何吉春跟妻子商量，把家里仅剩的3万多元积蓄拿出来，为他家买了冰箱、洗衣机、被子、毛毯、衣物等生活用品，让学生一家安稳度过了寒冷的冬天。

夫妇俩十分重视对儿子的言传身教，每年都要带孩子去江津残疾儿童福利院看望孤儿和残疾儿童，给他们送温暖。每年，何吉春一家都积极开展"衣旧情深"公益活动，收集旧衣捐给石柱山区的生活困难学生。对何吉春而言，吃苦是传家宝，奉献是家常饭。他说："我对儿子最大的希冀就是，要有一颗感恩之心、奉献之心，要尊敬老人、爱护弱小。"

何吉春的爱心奉献远不止捐款捐物这么简单。他从1990年开始无偿献血，至今累计献血达20200毫升。2015年，他主动在中华骨髓库中登记了信息，随时准备为有需要的人捐献自己的骨髓。在他的带动和影响下，一家人都义无反顾地进行了人体器官捐献登记，希望以后到了生命的最后，还能为他人带去新生的希望。

（江津区文明办供稿）

致敬词

助人为乐

奉献一次爱心容易，坚持奉献三十年难得。以无私奉献为使命，以传承爱心为家风，不愧是人们心里真正的英雄！

王昌元

【小传】王昌元，男，1933 年 2 月生，中共党员，重庆市綦江区古南街道綦齿社区居民。29 年来，他义务宣讲红色故事，组建志愿服务队，为社区平安和谐贡献力量。

王昌元是一名红色故事义务宣讲员。他 18 岁入伍，是一名抗美援朝老兵，参加过多场战役，荣立二等功、三等功 3 次。退休后，他主动进社区、入校园，开启了长达 29 年的红色故事宣讲员历程。

2022 年八一建军节到来之际，王昌元在綦齿社区以亲身经历为孩子们讲述上甘岭战役的故事。像这样的讲述还有很多，并且已成为他生活的一部分。在社区会议室、红军烈士墓、农村院坝、革命故居……他讲述自己的经历、红军的故事、党的历史，并叮嘱大家，一定要传承红色基因，牢记革命精神。

王昌元还是一名社区志愿者。每天，他都穿行在社区里。有时戴着志愿者小红帽在大街小巷进行文明劝导；有时拿着倡议书，挨家挨户上门宣传讲解……虽然他腿脚不便，但每次社区组织大扫除、清扫楼道、清除乱贴的小广告、绿化环境时，他一次都没有落下。人们劝他歇一歇，他总是说："没事，趁自己还干得动，做点有意义的事，值得！" 2018 年 3 月，綦齿社区专门成立了以王昌元名字命名的"王昌元志愿服务队"。在他的带动下，越来越多的社区居民加入进来。如今，志愿者已从最初的 300 多人发展到 1800 多人，并下设了"管得宽""马上来""理得顺""和之美" 4 个特色志愿服务小队。

王昌元更是一名优秀的社区治理员。从退休那天起，他就积极参与社区治理工作。29 年来，他义务调解社区各类纠纷 3200 余件，群众都亲切地称他为"王老"或"王团长"。他还是公安系统最年长的编外警务人员，积极协助綦江区公安系统开展宣讲、教育工作，社区民警都对他赞不绝口。

（綦江区文明办供稿）

助人为乐

致敬词

退伍不褪色，助人乐心田。用滚烫的心传承"革命红"，用热情的手种下"志愿红"，善行善举如和煦的阳光，温暖了自己，也照亮了他人。

尹和平

【小传】 尹和平，男，1970年8月生，中共党员，重庆市奉节县实验初级中学教师、奉节诗城志愿者协会会长。他热心公益，牵头开展志愿服务活动300余场，带头和倡导爱心人士捐赠钱物10万余元，累计帮助百余名留守贫困学生。

加入奉节诗城志愿者协会以来，尹和平积极参与并牵头开展"朝夕相伴"、文明培训及劝导、清洁家园·和谐邻里、衣"旧"情深、环境保护、乡村振兴、网络宣传、法律培训等多项志愿服务活动。8年来，他风里来雨里去，从来无怨无悔。

2015年以来，尹和平作为"春雨行动"负责人，主动放弃课余假日休息，坚持带领100余名高中生志愿者到奉节春雨康复中心陪脑瘫儿童做康复游戏、作业辅导等，让脑瘫儿童真真切切感受到社会的温暖。

尹和平经常把孩子挂在嘴边："他们是祖国的未来，再穷不能穷教育，再苦不能苦学生。"为此，他再忙也会抽出时间参加走访助学活动，并长期带头和倡导社会爱心人士捐赠钱物。截至目前，在尹和平的组织下，奉节诗城志愿者协会收到爱心人士捐款超10万元，累计帮助数百名留守贫困学生。

"我们这个团队聚是一团火，散是满天星，身体力行地传递社会大爱和关怀。"尹和平说。2022年，大足突发山火，他带领志愿者冒着酷暑驰援，当天便将价值万余元的物资送达拾万镇；奉节旱情严重，他带领志愿者免费送水，慰问环卫工人；青莲镇骤发山火，他带领志愿者第一时间赶赴现场，搭建两个临时灶台和3个补给点，并筹资2万余元，通宵达旦为一线人员做好后勤保障。每逢冬季来临，尹和平都带头捐款购买毛线，积极招募志愿者。几年来，志愿者们累计编织围巾、帽子等御寒物品2000余件，用爱心为山区留守儿童编织出一个个暖暖的冬季。

（奉节县文明办供稿）

助人为乐

致敬词

一颗真心装着人间大爱，八年无悔传递奉献精神。"志"之所向，"愿"之所在，以行动让助人为乐之花绚丽绽放。

杨昌立

【小传】杨昌立，男，1975 年 7 月生，中共党员，重庆市黔江区渔政协助巡护队阿蓬江流域护渔员。2022 年 7 月，他冒着暴雨和洪水，用竹篙撑着小舢板救下被困江中的一家人。30 多年来，他先后在阿蓬江畔救起溺水者、遇险者 30 余人。

2022 年 7 月 27 日下午 1 时许，一场特大暴风雨袭击黔江各地，阿蓬江集镇的老码头附近传来急促的呼救声。刚从神龟峡水域巡护回家的杨昌立还没脱下被雨水打湿的衣服，来不及寻找遮雨的工具，他一边往河边赶，一边给居住在附近的居民代久高打电话，约他一同救人。

杨昌立赶到河边后，发现是一家四口被困在了河中央的一个孤岛上。风雨来势凶猛，江水翻腾着，眼看就要淹上孤岛。被困者相拥成团，焦急地等待救援。杨昌立他们心急如焚，拼尽全力撑着两条小舢板，在波涛汹涌的洪水中摇摆前行，几经周折才划到被困人员所在位置。此时，洪水已淹没了他们的膝盖。杨昌立将紧急找来的 3 件救生衣全部递给被困人员穿上，全然不顾自身安危，又以最快的速度将他们扶上船，拼尽全力往岸边划去，终于将 4 人成功营救上岸。众人上岸后回头一看，滚滚江水已经将孤岛全部淹没。杨昌立和同伴与时间赛跑，前后仅用了 10 多分钟，成功从死神手中"抢"回了这一家人的性命。

"杨老师，如果不是你们，我们一家四口怕是要死在这里了。感谢你们冒着危险给我们第二次生命！"事后，被救的李先生回忆起当时的情景还有些后怕，专程找到杨昌立表示感谢。

据当地群众反映，每当他人有难时，杨昌立总是挺身而出，不遗余力相助。30 多年来，他在江边救起的溺水者、遇险者超过 30 人，但他从来不求回报。一位大婶说："不管我们是坐船过江，还是去江边耍，看到有杨昌立在，心头都会觉得踏实些。"当人们找到杨昌立，想多了解一些他平日里见义勇为的事迹时，他只是摆摆手说："没得啥子，你看到有人落水了，哪里来得及想啥子？去救人就是一种本能的反应。人没事就好了！"

（黔江区文明办供稿）

致敬词　　　　　　　　　　　　　　　　　　**见义勇为**

　　撑一艘小舢板就敢闯进洪水，凭一颗赤诚心全力拯救他人。骨子里的善良美德，一次次擦亮人性光辉。不愧是阿蓬江边的英雄，黔江最美的护渔员。

王加龙

【小传】王加龙，男，1971年5月生，中共党员，重庆市大足区龙水镇江明村党支部书记。危难时刻他挺身而出，不顾个人安危勇夺凶器制止斗殴，避免了重大伤亡事件。

2021年6月30日下午1时许，王加龙正在办公室值班，突然听到外面人声嘈杂，汽车喇叭声不绝于耳。他立即出门查看情况，发现附近公路上一辆黑色越野车被3辆摩托车紧紧围堵在中间不能行驶，4名驾驶员正站在各自的车旁大声争吵，引发了严重的道路交通堵塞。

王加龙急忙跑上前去劝阻4人。他们答应了停止争吵，各自驾车离开。于是，王加龙就走到公路一侧去疏散交通。谁知这时，3名摩托车驾驶员与越野车驾驶员又突然扭打在一起。其中一名失去理智的摩托车驾驶员还拿出一把菜刀，凶狠地向越野车驾驶员的头部砍去，越野车驾驶员躲闪不及，头部被砍中，鲜血直流。可行凶者并没有罢手之意，还准备继续砍人。

见情况万分紧急，王加龙一个箭步冲上前去，挡在歹徒与伤者之间，同时伸手去抢夺歹徒手中胡乱挥舞的菜刀。只听"哧"的一声，王加龙的右手腕被划出一条长约8厘米的伤口，鲜血瞬间喷流而出。一股钻心的疼痛袭来，但王加龙毫不退缩，咬紧牙关继续抢夺菜刀，最后终于夺了过来。歹徒及其同伙见状，慌忙逃离现场。王加龙来不及处理自己的伤口，就一边安排周围群众报警和追击歹徒，一边去照顾安慰受伤的越野车驾驶员。

"作为一名基层党员干部，在群众有危难之时挺身而出，是我义不容辞的责任。"在面对大家称赞时，王加龙如是说。

（大足区文明办供稿）

见义勇为

致敬词

危难关头，方显英雄本色。机警的反应、忘我的抉择、果敢的举动，以自己的英勇义举，维护了人民群众的生命安全，彰显了新时代共产党员的责任担当。

王国东

【小传】王国东，男，1985年11月生，重庆市铜梁区东城街道双门社区居民。危急时刻他奋不顾身，反复3次下水，最终成功营救落水女孩。

2022年6月28日，王国东和工友们一起到老虎滩景区游玩。老虎滩因前期大雨，水流湍急，形成多叠瀑布，蔚为壮观。下午5点左右，王国东和工友们沿着小安溪来到瀑布下游处。突然，王国东看见湍急的河水裹挟着什么东西从上游冲下来。再仔细一看，水里面有个人！王国东心里咯噔一下，来不及细想，就一边飞快地跑过去，一边朝着工友大声呼喊："有人落水了！赶紧打120！"

跑了一段之后，熟悉水性的王国东猛地跳进河里，朝十米开外的落水者游去。河道里的回水让王国东第一次没能抓住落水者。"是个长头发女孩，看着已经没有意识了。"王国东心里焦急万分，马上游回岸上，又往下游跑去。找准位置后，他再次扎进水里，向落水人员的位置游过去。由于水里情况复杂，下水营救难度较大，王国东第二次营救也没成功。但他没有放弃，终于找到一个水势较为平缓的地方，在第三次下水时终于把落水者拉住了。

把女孩拉上岸后，王国东利用工地上学到的急救知识，立即对女孩实施急救。一两分钟后，女孩终于开始吐水、咳嗽，慢慢地恢复了意识。这时，王国东的工友也在路口接到了急救医护人员，大家合力将女孩送上了救护车。看到女孩已无大碍，王国东和工友们默默地离开了现场。

"感谢，太感谢了！"事后，被救女孩的父亲林业胜紧紧握着王国东的手连声感谢。因为担心女儿，更为了当面向恩人王国东表示感谢，林业胜特地从广西柳州赶到重庆铜梁。"下午四点多还在给家人发微信，说这里的瀑布好漂亮，后面就不说话了。"林业胜至今回忆起来还很后怕，"开始我们也没多想，后来接到学校电话，才得知女儿在景区踩滑落水，被人救起来了。"问及事发时的情形，王国东说："当时也没想别的，就一心想着把人救上来。"

（铜梁区文明办供稿）

见义勇为

致敬词

河水汹涌也阻止不了挺身而出，三次尝试，绝不言弃，只为点燃他人生存的希望。凡人站出来便是英雄！

杜有刚

【小传】杜有刚，男，1973年9月生，重庆市城口县龙田乡四湾村村民。他虽然身体残疾，却能在危急时刻挺身而出，不顾个人安危救起两名落水女孩。

2022年7月17日下午4时30分左右，天气炎热，杜有刚独自在河边乘凉，河对岸有两个小女孩在戏水。过了一会儿，杜有刚再看两个小女孩时，发现她们已经不见了踪影，只能看到一只小手在水面上胡乱拍打。杜有刚心里咯噔一下，"完了，两个孩子溺水了！"

危急时刻，杜有刚不顾自己腿脚残疾，一头扎进水里，以最快的速度拼命向河里挣扎的女孩游去。由于水流太急，10多米宽的河面，他用了近10秒才游到女孩身边。当他潜入水底准备抓起这个女孩的脚拉她上岸时，发现另一个女孩已经沉底。"如果先救这一个的话，另一个肯定会没命的。"这样想着，他便一手抓住这个孩子的脚，一手抓住另一个孩子的衣服，拼尽全力，艰难地将两个小女孩都拉上岸。当时一个孩子已经昏迷，另一个孩子不停地咳嗽、向外吐水。杜有刚立即对昏迷的孩子开展急救，直至其连吐了几口水才慢慢转醒。此时的杜有刚已精疲力尽，躺在岸边大口地喘气。在确定两个小女孩脱离危险之后，杜有刚嘱咐两个孩子赶紧回家，自己便离开了。

7月20日一大早，获救女孩的家长带着一面鲜红的锦旗和一封感谢信来到了杜有刚家里，向杜有刚表达他们一家人的感激之情。

"掉下去之后，我拼命想往上浮，但是浮不起来。眼睛是睁开的，却什么也看不到，嘴里呛了几口水，想喊救命也喊不出来，要不是有杜叔叔，我和姐姐可能已经淹死了，感谢杜叔叔的救命之恩。"其中一个小女孩激动地说道。

"谢谢，谢谢……如果不是你，我都不敢想两个孩子现在是怎么样，我这个家可能都要垮掉。"小女孩的父亲紧紧握住杜有刚的手，感激之情溢于言表。

谈起这次见义勇为的事迹，杜有刚说："遇到这样的事，不论是谁，都会伸出援手，我只是做了一件该做的事情。"

（城口县文明办供稿）

见义勇为

致敬词

个人安危置之度外，全力拯救落水幼女；危急时刻挺身而出，义举散发人性光辉。无愧是响当当的汉子，是我们崇敬的英雄。

李永碧

【小传】李永碧，女，1967年12月生，中共党员，重庆市万盛经开区南桐煤矿幼儿园退休职工，现重庆市万盛经开区永辉超市店员。她诚实守信，捡到大额财物也不动心，设法归还失主。

2021年9月10日上午11点左右，永辉超市万盛民盛店工作人员李永碧的午休时间到了，她像往常一样，乘坐331路公交车回家吃午饭。快要下车时，她突然发现后排座位上有一个黑色钱包，于是捡起来向周边的乘客询问，但是无人认领。李永碧打开钱包一看，里面有好多张百元大钞。"肯定是有急用，不然不会随身携带这么多现金，失主一定很着急。"想到这里，李永碧连忙把钱包交给了驾驶员，请他转交给失主，自己到站就下车了。

出完那趟车，驾驶员刘刚马上把钱包带到调度室，并跟相关工作人员说明情况。工作人员打开钱包一看，里面竟装着两捆现金和一张金额为一万元的定期存款单。经过粗略清点，现金共有两万元。大家立刻着手寻找失主，一边和警方联系，一边在工作群里发送寻找失主的信息。

另一边，失主伏莉发现钱包丢失后焦急万分。正当她感到一筹莫展之际，公交车调度室打来电话，通知她认领丢失的钱包。"两万元是我们家半年的收入，钱丢了感觉像魂丢了一样。"她说，"多亏这些好心人，不然我都不知道该怎么办了。"拿着失而复得的钱包，伏莉悬着的心总算是落地了。她再三感谢好心的司机，也想向捡到钱包的好心乘客表示感谢。

事实上，对李永碧来说，诚信成为一种生活习惯。在此之前，她也曾捡到钱包两个，银行卡、钥匙等物品若干，都设法归还失主。李永碧在工作中始终秉承诚信为本的服务理念，坚持把最优质的服务、最安全的商品提供给顾客，确保顾客买得放心、吃得安心。在销售食品的过程中，她一直坚持对临期、过期商品进行定期排查，并做好排查台账。

（万盛经开区文明办供稿）

致敬词　　　　　　　　　　　　　　　诚实守信

"诚"是举手投足的标杆，"信"是奉行不悖的准则。在人生的答卷里，用真诚战胜物质诱惑；在岁月的长河中，以行动践行党员初心。

彭胜忠

【小传】彭胜忠，男，1968 年 10 月生，中共党员，重庆市涪陵区公安局交巡警支队荔枝勤务大队辅警。他柔性执法，护送学生上下学，保障了道路通畅，也温暖了群众的心。

"太贴心了。点赞小学门口的执勤交警"，2022 年 6 月 8 日，时任外交部发言人赵立坚在微博上转发了一则交警街头执勤视频，并配以温暖的文字，迅速引来众多网友的转发点赞。视频中，早高峰时段，一名交巡辅警正在路边拉开车门接学生，让家长无须下车护送，车辆即停即走。眼尖的网友发现，这不正是涪陵交巡警的"老彭"嘛！意外"走红"让彭胜忠有点猝不及防，他坦言："这点小事不值一提，我最大的心愿就是娃娃们安全、道路畅通。"

彭胜忠所在的荔枝勤务大队，担负着高峰期保障道路畅通、辖区路面巡逻、突发情况处置等职责。他执勤的区域附近有小学和幼儿园，每天上学和放学时段，校门口马路上满是走走停停接送孩子的车辆和穿梭其间的孩子。为了保证人车安全，彭胜忠总会早早地在学校门前的路边等候。看到有停下来的车，彭胜忠就跑上前去拉开车门，一只手护着孩子的头，一只手牵着孩子走到人行道。涪陵的梅雨季节雨水特别多，给家长和孩子带来诸多不便。彭胜忠担心雨水淋湿从车里钻出来的孩子，于是每当遇上下雨天，他就撑着一把大伞给孩子们遮雨。渐渐地，家长和"老彭"达成了一种默契，家长停车、"老彭"开车门、孩子下车、"老彭"护送。这温馨的一幕幕，成为该路段上下学高峰期一道靓丽的风景。这种默契节约了家长停车接送孩子的时间，因此，彭胜忠执勤的路段很少因"接送大军"而发生过拥堵。

据统计，仅早高峰一个小时的执勤时间，彭胜忠就要开关车门近 150 次。雨天值勤完，衣服鞋子没有一处干的。"老彭"就这样无怨无悔，默默地坚守在护学岗上。很多市民深受感动，拍下"老彭"为孩子们撑伞开门护送的一幕幕发到朋友圈，这才有了"老彭"网络"走红"的事。

（涪陵区文明办供稿）

致敬词

敬业奉献

开关车门的小小举动，看似平凡实则伟大。护学视频的意外"走红"，似乎偶然实则必然。一个护学岗上的撑伞人、群众点赞的贴心人，坚持用责任心和使命感，温暖了一座城、无数人。

陈 力

【小传】陈力，男，1973年10月生，重庆医科大学附属第一医院医务处副处长。他在工作中勇于创新，多次在急难险重任务面前挺身而出，为新时代医疗事业高质量发展贡献自己的力量。

作为重庆医科大学附属第一医院医务处的副处长，陈力的工作内容十分繁杂。他既要采取多种措施保障医院医疗安全、强化医疗质量持续改进，又要全面推进日间手术工作、规范日间手术管理、提升手术病种及数量、在医院全面深入推广MDT（多学科诊疗），还要负责加速医院远程医学服务项目建设等工作。

2020年，47岁的陈力带领互联网医院办公室正式启动重医附一院互联网医院建设项目，帮助无法到医院现场就医的患者走上网络就诊、线上就医的健康"快车道"。在重庆市同期互联网医院建设中，重医附一院互联网医院获取牌照时间最短，上线速度最快，开设了在线问诊、在线开处方、在线支付、药品配送、药事门诊、心理咨询、核酸检测预约、线上发热门诊、健康管理等多功能模块，解决了患者排队难、挂号难、就诊难等问题。特别是"药品配送"打通了服务患者的"最后一公里"，形成了线上、线下全流程服务的医疗闭环。据统计，2022年重医附一院互联网医院提供互联网医疗服务约14万人次，全年医患纠纷及医疗责任安全事故为"零"，平均在线诊疗好评率达98%，投诉率小于0.03%，已成为重庆市运营最好的综合性互联网医院。

从医二十余年，每次急难险重任务面前，陈力都主动担当、冲锋在前，用实际行动诠释"医者仁心，救死扶伤"的信念。2020年5月，全球新冠肺炎疫情肆虐，国家卫生健康委员会应阿尔及利亚政府的邀请，组建中国政府抗疫医疗专家组前往援助。陈力第一时间"请战"，成为中国抗疫医疗专家组的副团长，到阿尔及利亚和苏丹开展了为期30天的援外抗疫工作。陈力和专家组其他成员开创性开展了患者诊治、国际交流等工作，超额完成了任务，得到了所在国的高度认可和赞扬。

（渝中区文明办供稿）

敬业奉献

致敬词

在日常工作中，敬业奉献，不辞辛劳，践行医者仁心；在疫情大考前，挺身而出，慷慨前行，展现大国形象。不忘从医初心，无愧医者使命！

万惠文

【小传】 万惠文，男，1991 年 11 月—2022 年 8 月，生前系重庆市消防救援总队特勤支队南坪东路站一分队分队长。作为一名消防员，他多次立功，在火场中"使命必达"。2022 年 8 月因救火行动受伤牺牲。

参加工作近 11 年，万惠文先后参加灭火救援行动 1600 余起，营救被困群众 140 余人，是特勤"尖刀"队伍中的一柄"尖刀"。每次出警，万惠文都主动要求上 1 号车。因为 1 号车能最先到达火灾现场，最先进入现场内部侦查火情，但也是最危险的。当了班长、分队长后，他在寝室的床铺也是 1 号床，离门口最近，一旦有警情，自己就能第一时间冲出去，第一时间上 1 号车，以最快速度做好救援准备。

2022 年 8 月 11 日 14 时 32 分，重庆市消防救援总队接到报警，称巴南区尚峰物流配送中心突发大火且有人员被困。总队指挥中心立即调派 58 辆消防车、258 名消防员赶赴现场处置。万惠文又一次坐上 1 号车，随队到场参与灭火救援。救援力量赶到现场时，近 3 万平方米的仓库已是浓烟滚滚、火光冲天，火情万分危急。

根据现场指挥部命令，特勤支队南坪东路站迅速开展火情侦察和被困人员搜救。在聚氨酯保温材料燃烧作用下，仓库内充满高温浓烟。危急时刻，万惠文主动请缨，冒着呛鼻的浓烟和飞溅的火星，多次深入火场侦查搜救、降温控火，成功营救出 2 名被困群众。当日 20 时 03 分，正当万惠文和战友在仓库三楼开展作业时，火场突发爆燃，近千度的热浪瞬间向他们袭来。千钧一发之际，他把生的希望留给身旁年轻的战友，本能地将战友推向安全区域，自己却错失了最佳逃生时间。20 时 07 分，当队员们冲到万惠文身前时，发现他佩戴的呼吸面罩已因高温炙烤而部分融化，全身遭受大面积灼伤，伤情十分严重，现场救护人员迅速将他送往医院救治。不幸的是，8 月 13 日 16 时许，经医院抢救无效，万惠文壮烈牺牲。

（南岸区委文明办供稿）

敬业奉献

致敬词

一往无前担当奉献，守护百姓舍生忘死。不惜献出自己年轻的生命，只为践行新时代"火焰蓝"的初心使命。致敬我们心中永远的英雄！

周先进

【小传】周先进，男，1991年10月生，中共党员，重庆市永川区吉安镇石松村党总支书记、村委会主任。他毅然辞别大城市的舒适生活，返乡发展稻谷产业，带领村民走上致富之路。

2018年4月，曾经在重庆一家大型化工企业担任生产技术主管的周先进，以"本土人才"的身份回到贫困的家乡石松村，成为村长助理。因为工作出色，2019年9月，周先进当上了石松村的党总支书记，带着群众搞基础建设，发展沃柑产业，扶持贫困群众通过养殖业或务工提高收入。2020年底，石松村51户153名贫困群众全部跨过贫困线，石松村也摘掉了市级贫困村的帽子。因为城里工作的经历，村民们亲切地称呼周先进为"主管书记"。

脱贫攻坚任务完成了，周先进却并未感到一丝轻松。"务工收入来得快，水果收入高，但是要端牢中国人的饭碗，守住耕地红线，还是要发展水稻种植。"周先进想，"要让人愿意种水稻，还是得把利润提得更高。"周先进想到了种植更加优质的水稻。他当即联系市里的专家，选定最适合用于水稻品种筛选的地块。2020年春天，周先进在试验田种下12种稻米，筛选出渝香稻、竹香稻等3种适合在石松村种植的优质水稻。在周先进的号召下，2022年，石松村连片种植渝香稻1700亩，稻谷产量达120万斤，产值超180万元。

"稻谷的利润太薄，老百姓的积极性还是起不来。"周先进动起了创造品牌的念头。他带着石松村的资料，与重庆市农科院取得了联系，很快申请了"石松优农"商标，又带着驻村工作队一起为货物做了统一的包装设计。"一斤谷子1.5元，一斤大米3.5元，如果是精选，价格还能高点。老百姓的收入，有得算！我们多跑点路也值得。"周先进乐呵呵地说，"现在是真的主管了，管着3个合作社，任务很重，工作很多，但是看着秋天成片金黄的稻田，我的心里也像洒满阳光一样！"周先进心里有一个远大的目标："争取把我们石松村打造成为重庆的'五常'！"

（永川区文明办供稿）

敬业奉献

致敬词

企业主管变身农业"主管"，钻研精神一如既往；金黄稻谷扮靓美丽乡村，打造品牌振兴家乡。一声"主管书记"，喊出老百姓的认可与支持。

张龙兴、张奉平、张宏波

【小传】张龙兴，男，1952年5月—2022年12月；张奉平，男，1976年11月生，系张龙兴之子；张宏波，男，1996年11月生，系张奉平之子，三人均为重庆市忠县汝溪镇居民。他们还有一个共同的身份——汝溪河民间河长。祖孙三代接力巡河，传承家风守护碧水。

张龙兴的家在汝溪河桐油滩畔。目睹曾经清澈美丽的河流变黑变臭，张龙兴心痛无比，萌生出拯救汝溪河的强烈愿望。2016年，当时已经64岁的他主动请缨，成为一名民间河长，负责管护汝溪河桐油滩河段。民间河长没有酬劳，张龙兴却乐此不疲。他自费购买火钳、竹扒等工具，每天坚持下河捡拾垃圾。因年岁渐高，张龙兴的右腿膝关节不时隐隐作痛，走路都比较吃力，他却坚持拄着拐杖巡河。他相信，有朝一日桐油滩会变回曾经的模样。

受到父亲影响，张奉平工作之余也加入巡河。担心腿脚不便的父亲滑倒，张奉平便穿上水靴专门捡拾河面漂浮物，让父亲只需捡拾岸边垃圾。渐渐地，张奉平由配角变为主角，父子俩风里来雨里去，将桐油滩沿河两岸打理得干干净净。2020年，张家第三代张宏波也加入巡河队伍。他说："爷爷年岁已高，父亲也在慢慢变老，但我会坚持巡河，并带着我的儿孙继续巡下去。"

2022年12月，张龙兴因车祸意外去世。张奉平接过父亲传递下来的护河"接力棒"，仍每天带着儿子巡河护河。祖孙仨同框巡河，变成"父子兵"齐上阵。"桐油滩是我们生活的家园，汝溪河是我们的母亲河。我们一定要给子孙后代留一个美好的生活环境。"张龙兴经常说的这番话，被张奉平和张宏波铭记于心。

祖孙三代义务巡河，良好的家风在潜移默化中影响着乡亲们，也带动了越来越多的居民加入爱河护河队伍中。当地居民谢某经营建材公司，曾常年在汝溪河采砂，了解到张家三代人的故事后，主动弃船上岸发展生态农业。在民间河长和沿河居民爱河护河的同时，当地政府也采取关停养殖场、关闭采砂场等措施，并投资修复两岸生态。如今的汝溪河，河水变得清澈明亮，鱼翔浅底，两岸芳草萋萋、绿树依依，凉亭、长廊点缀其间，犹如一幅优美的画卷。

（忠县文明实践中心供稿）

敬业奉献

致敬词

一门祖孙三"河长"，守护碧水传家风；两岸居民齐加入，改善生态成画卷。爱河护河的感人故事，将永远随着汝溪河的清波传扬。

方祥财

【小传】方祥财，男，1983 年 8 月生，中共党员，重庆市巫山县公安局双龙派出所所长。他用细心、耐心、诚心对待报警求助及信访群众，构建幸福"警民朋友圈"。

方祥财曾在巫山县多个边远山区派出所工作，他始终坚持"群众利益无小事"，用细心、耐心、诚心对待报警求助及信访群众，化解了一大批信访矛盾。五年来，方祥财走访群众 13000 余户，为困难群众办实事 1000 多件，成功化解各类矛盾纠纷 1100 多起。

2018 年 9 月，一位七旬老人来到巫山县公安局龙溪派出所，要求补录户口。可老人从 20 多岁开始便在湖北竹山县等地流浪，早已和亲人失联，无人能证明他出生于此。想叶落归根的老人找不到亲人、上户口无望，一时情绪十分激动。时任龙溪派出所所长的方祥财放下其他工作，带领老人走村入户寻亲，两天两夜走了 13 个村子，终于在当地金柿村找到了老人的弟弟。在弟弟的证明下，老人的户口问题得以解决。想到老人年老体弱生活困难，方祥财多次协调相关部门，让老人住进了敬老院。

方祥财在出警、办案中建立了一个特殊而庞大的"朋友圈"：成千上万的当事人成了他的粉丝、朋友和办案帮手。在这个"朋友圈"里，有 50 多人曾是令家庭、学校十分头痛的"问题学生"。方祥财建立起与学校、家庭的联系机制，采取一对一的形式对他们进行矫正教育。由方祥财矫正教育过的这 50 多名"问题学生"，如今都成了他的粉丝。现在，他们有的品学兼优，有的已经考上大学，有的已经参加工作，都对方祥财心存感激，与他保持着联系。

他特殊的"朋友圈"里，还有他救助过的困难人员、处理过的当事人和批评教育过的失足青年、戒毒人员等。一有空，他就会了解他们的动态。"看着他们学好变好，我就高兴。""群众的认同和支持，就是对我最大的鼓励。"方祥财说。

（巫山县文明实践中心供稿）

敬业奉献

致敬词

扎根基层、服务群众，想群众之所想、急群众之所急。将使命和情怀化作前行的动力，用日复一日的付出，践行"人民公安为人民"的庄严承诺。

巨建兵

【小传】巨建兵，男，1977年1月生，中共党员，重庆市委宣传部帮扶集团派驻石柱县石家乡黄龙村第一书记兼工作队队长。他在工作中兢兢业业、带头示范，用汗水收获老百姓的信任。

在黄龙村，第一书记巨建兵是大家的"主心骨"，村民的大小事务，他都放在心上。2021年夏天，巨建兵开着自己的车免费接送黄龙村群众到石家乡卫生院接种新冠疫苗，累计接送村民400余人次。2021年冬天，茅坪组的自来水管破裂，他组织人员连夜抢修，在冰天雪地里一直忙碌到第二天凌晨，恢复供水后才拖着疲惫的身体回去休息。两户村民因林地边界纠纷，多年来形同陌路，有时还闹得不可开交。巨建兵"三顾茅庐"，通过说情、讲理、谈法，终于化解了两家人的心结，让双方重归于好。

2022年春季，巨建兵配合黄龙村委，将庙坝组撂荒多年的50余亩"巴掌田"按照"小并大、短改长、弯改直"的原则进行了改造。但是，当地村民却不愿意在翻出来的"生黄土"里种植庄稼。为解决这一难题，在巨建兵的建议和带动下，石家乡政府、黄龙村党支部13名党员共同筹资9万余元，将这片"撂荒地"打造成了"党员众筹"产业示范片。每天天刚亮，巨建兵就披衣起床，穿着胶鞋来到田间地头，与务工村民一起整地、播种、除草、施肥……他脸上的皮肤被晒得黝黑发亮。2022年7月下旬以来，"党员众筹"产业示范片的西瓜获得大丰收，品质佳、口感好，供不应求。巨建兵说："我们的宗旨就是围着老百姓转、做给老百姓看、带着老百姓干。通过示范引领，为乡亲们探索发展高效农业之路。"

"巨书记来了，基层组织的凝聚力更强了，产业发展起来了，大家的收入更高了……"两年来，巨建兵盘活村集体闲置房，打造了七彩石家体验中心，注册了"官田坝""池谷高山"两个商标，覆盖大米、辣椒、食用菌等数十种农产品，利用线上＋线下销售方式，把老百姓的农特产品"嫁"出深山，带领村民走上幸福路。

（石柱县文明办供稿）

敬业奉献

致敬词

脚穿胶鞋，一身农民装扮，扎根基层，用汗水收获了老百姓的信任。一声声发自肺腑的"巨书记"，饱含着大家的高度认可和由衷称赞。

张兴义

【小传】张兴义，男，1963年3月生，重庆市江北区新村幼儿园退休教师。孝顺儿子满怀爱心照顾身患阿尔茨海默病的母亲，用行动演绎了一曲"您养我小、我养您老"的动人赞歌。

2021年，养老院突然打电话告诉张兴义，他母亲的状况非常不好，不仅患有阿尔茨海默病，还患有严重的胃病，要插管进食。当时，张兴义经营的体能培训班刚有了一些起色，家长和学生都很认可。但他仍毫不犹豫地解散了培训班，将母亲从养老院接回家照顾。

照顾患病母亲的难度，比他想象中的大很多。母亲没有时间观念，也没有危险意识。有一次，张兴义以为上厕所的母亲会自己出来，就先睡了，没想到，母亲在厕所里待了两三个小时，尿失禁了，大便也流在了裤子里；还有一次，张兴义正将饭菜端上桌子，母亲却突然把高压锅的盖子掀开，顿时把抽油烟机炸出一个大坑……这些经历让张兴义意识到，母亲做任何事都不能离开自己的视线。从此，他便在母亲的床边支起了小床，日夜守候，一心一意当起了母亲的专职陪护。

为了让母亲愉快地度过晚年，张兴义决定带着母亲游山玩水：春天看大理山水映照，夏天看仙女山吞吐云霞，秋天回味老家的山城记忆，冬天看三亚的夕阳归舟。张兴义将旅途的细节都发布在朋友圈，他说："母亲的记忆会消失，文字和照片不会消失。"越来越多的朋友关注到他们母子的故事，被他的孝行打动，也决定加入带父母旅行的行列中，成为孝心、孝行的传播者。

（江北区文明办供稿）

孝老爱亲

致敬词

乌鸦反哺，羔羊跪乳，把孝道装进柴米油盐，把真情融入生活点滴。这孝心、孝行，是德之本、教之始、善之先！

吴光付

【小传】吴光付，男，1953 年 11 月生，重庆市云阳县南溪镇新阳社区居民。他三十年如一日悉心照顾患有精神障碍的儿子，用如山的坚韧扛起作为家庭"顶梁柱"的责任。

吴光付原本有一个虽不富裕但幸福安宁的小家。那时候，他在当地跑客运挣钱养家，妻子在家照顾一儿一女的生活、学习。可灾难说来就来。1992 年，上初中的儿子吴军在一场重病后大脑出现问题，精神失常、智力障碍，不能正常生活。每次一发病，儿子就说胡话、乱扔东西，暴躁起来甚至会把头往墙上撞、惹事伤人，让左邻右舍得不到安宁。儿子发病严重时，为了安全起见，吴光付不得不在工作中"一心二用"，从早到晚都要把儿子带在客车上。

突然的变故打碎了这个家原有的平静，开朗活泼的女儿变得沉默寡言，性情温和的妻子时常在睡梦中哭醒……"天无绝人之路，我们更要好好活！"面对突然降临的灾难，硬汉子吴光付没选择逃避，也没有选择倒下。他让自己镇定下来，擦干眼泪，鼓励妻子和儿女直面现实，把人生"残局"走成一盘"好棋"。

30 年来，吴光付经常天不亮就出门奔波在乡村公路上跑客运，直到天黑才收工回家，春夏秋冬，风雨无阻。为节省每一分钱，他跑客运途中口渴了舍不得买瓶矿泉水喝，中午饥肠辘辘也舍不得买碗面条吃……风风雨雨三十载，超负荷的付出让吴光付的脊梁不再挺拔，头发已经花白，脸上爬满皱纹。但他从不埋怨生活，从不向磨难低头。除了挣钱养家之外，他还非常细心地照顾孩子穿衣、理发、洗澡、上厕所等日常事务，时时刻刻拧紧作为父亲的责任"发条"。为了给孩子治病，他花光家里积蓄，举债四处寻医问药，从大医院到小门诊，从西药到中药乃至民间偏方，只要有人说药方管用，他都要去尝试。

"他是我儿子，我要对他负责。只要有口气，永远不放弃！"想到患病儿子的未来，日渐老去的吴光付虽然担忧，但依然坚定执着。

（云阳县文明办供稿）

孝老爱亲

致敬词

　　三十年如一日悉心照顾患有精神障碍的儿子，以超负荷的付出诠释父爱的伟大；用如山的坚韧扛起"顶梁柱"的责任，将"残局"走成一盘"好棋"。

谭文进

【小传】谭文进，男，2002年3月生，重庆市万州区特教中心学生。从小坠入无声世界，但他始终自强不息，坚强乐观地追逐舞蹈梦。

谭文进生在农村，两岁那年的一场高烧让他失聪了。因父母长期在外务工，他跟随年迈的爷爷奶奶生活。从小懂事的谭文进主动承担家务，经常在放学回家后去田地里帮忙干活儿，煮饭、洗衣服、打扫卫生和照顾两个幼小的弟弟，更是他的生活日常。在周围邻居的眼里，他是个懂事的"小大人"。

由于听不见，谭文进在功课学习、日常交流等方面与其他同龄人的差距逐渐拉大。12岁时，亲戚带他到万州区特教中心上学。因为不会手语，一切从零开始，谭文进被安排到了一年级。比班里其他同学高出一截的他感到很不好意思。但他没有自暴自弃，即使在休息期间，也时常独自一人坐在校园的椅子上反复练习手语。凭借着强烈的求知欲和锲而不舍的精神，谭文进进步神速，很快便能通过手语与身边人交流。

谭文进虽然患有听障，但在舞蹈方面颇有天赋，还加入了校舞蹈队。听不到音乐，他就用自己的方式来感受节奏；为了练好一个动作，他几百、几千次地反复练习，从没有动过放弃的念头。从小不向命运屈服的他，执着地追逐自己的舞蹈梦。天赋加上坚持不懈的努力，让这位清秀的舞者在众多比赛中脱颖而出。2017年以来，谭文进荣获"全国排舞联赛总决赛特等奖"等一批大奖。许多观众感叹道，他们对谭文进不是怜惜而是敬佩，用"心"跳出的舞蹈是最美、最打动人心的。

无声世界，向阳而生。从小失聪未曾让谭文进自暴自弃，坚持不懈学艺，让他在人生舞台上绽放出别样的芳华。他用手语说道："人人都一样，不管碰到多少困难，只要坚持梦想、拼搏奋斗，就能实现自己的人生价值。"

（万州区文明办供稿）

致敬词　　　　　　　　　　　　　**自强不息**

"命运以痛吻我，我却报之以歌。"以光芒四射的舞者，演绎人性的坚韧，再现生命的蓬勃。在无声世界里，向阳而生、逐梦前行。加油，阳光少年！

李 琦

【小传】李琦，男，2004年9月生，清华大学临床医学专业学生。农村娃身残志坚考入清华大学。

13岁那年，农村孩子李琦被确诊患有基因遗传病——进行性肌营养不良。这是一种罕见的家族基因遗传病，患者行走艰难，极易摔跤，暂无治愈的办法，只能延缓病情的发展。

由于小腿肌肉萎缩，李琦走路比正常人慢很多，还常常摔倒，他的膝盖总是青黑一片。受疾病影响，他上下学极不方便，就连平日正常上课也比其他同学更容易感到累。尽管行动不便，但李琦却阳光、自信，积极面对生活的挫折。在学校，他积极参加丰富多彩的活动，文艺汇演、环卫治理都能见到他的身影。此外，他还积极参与社会实践活动，主动融入学校社团，曾担任学校科技社社长。这些经历提升了他的综合能力，锤炼了他的责任担当，让他变得更加坚强。

李琦的妈妈、哥哥、外公、舅舅都饱受疾病的困扰，高昂的医疗费用让家庭陷入困境。靠着学校的贫困资助，李琦才能顺利读完高中。这个基因遗传疾病激发了他从事生物医学研究的梦想，他希望能通过自己的努力让更多人摆脱病痛的折磨。

因为身体多有不便，所以李琦比常人更加努力。高中三年，他始终保持优异的学习成绩，最终以659分的高分被清华大学自强计划录取到临床医学医师科学家项目（八年制本硕博连读）专业。进入清华大学前，李琦坚持帮附近的学生免费辅导，同时还在镇上参与数据录入等志愿者服务。这是他和妈妈的约定，也是他传递爱心的方式，希望尽自己的微薄之力，回报社会。

（开州区文明办供稿）

致敬词

自强不息

步履蹒跚，因怀揣着梦想，走得自信、坚毅。背负大山，眼里却有一片星辰大海，让世人懂得坚持才有希望。自强不息，厚德载物，不断在拼搏奋进的人生历程中绽放青春的光芒。

重庆夜景 / 张坤琨

2022 年 四 季 度

Chongqing Haoren Zhuan

李洪志

【小传】李洪志，女，1945年7月生，中共党员，重庆市长寿区凤城街道梅村社区综治中心调解员（原"李大姐调解室"负责人）、居民组长、十二党支部支部书记。曾先后获得"全国三八红旗手""全国优秀共产党员"荣誉称号。

1999年，李洪志从长寿化工厂退休。2011年长寿化工厂全面破产，新的长化公司面临环保搬迁，包括原长化总厂职工及家属约1.5万人，相关事务处理起来特别棘手。曾任原长寿化工厂退管办书记兼主任的李洪志主动站出来，带着对企业负责、对职工负责的态度，积极参与到矛盾纠纷化解中，一方面帮助职工反映各种合理诉求，另一方面运用群众工作法化解各类矛盾纠纷。由于她设身处地为群众解决困难，真心实意为群众谋福利，被群众信任地称为"李大姐"。

2013年7月，长寿区司法局牵头成立"李大姐调解室"。该调解室主要负责3000名"长化厂"退休职工和凤城街道梅村片区9000名群众的调解工作。作为群众诉求的代理人、矛盾的调解者，李洪志总是通过合情合理合法的方式为群众争取利益、调解矛盾。在20多年的基层工作中，李洪志总结各类纠纷的特点和发生的规律，采取有力措施，做到早发现、早解决，赢得群众一致赞誉。

尽管李洪志已78岁高龄，但仍竭尽所能地为群众办好事、办实事，并通过"传、帮、带"的方式，培育出一支踏实肯干的"李大姐调解队伍"。现在"李大姐调解队伍"已经发展到老、中、青三代，共23人。李洪志还和梅村社区干部一起梳理社区热心群众名单，让群众广泛参与到矛盾纠纷的调解处置中，达到事半功倍的效果。

10年来，"李大姐调解室"共调解案件1300余起，挽回损失600余万元，办结率达100%，调解成功率达95%，梅村社区群众都亲切地称他们为"和事佬""明白人""搁得平"。

（长寿区文明办供稿）

助人为乐

致敬词

退而不休，情系万家，用真情解万家难；心系调解，守望和谐，用大爱暖万家心。不愧是群众的"贴心人"，社会和谐的"排头兵"。

张耀元

【小传】张耀元，女，1988 年 9 月生，重庆市璧山区公安局大兴派出所副所长。她创新开展"树洞口袋"活动，探索出了一条心理健康教育与青少年法治教育相结合、家校警社联合开展心理健康教育的新路径。

在社区工作中，张耀元发现孩子的心理健康往往被忽视，尤其是进入青春期后，孩子更容易受到心理问题困扰。于是，她创新推出了"树洞口袋"活动。"树洞口袋"以"倾听你的心声，保守你的秘密"为主题，遵循"自愿、保密、持续"三大原则，让孩子可以用匿名的方式在纸条上写出自己的心事，装进口袋里。警方和学校会收集这些口袋里的纸条，将发现的问题分类梳理，并联合多部门一起协商解决，科学有效地处理孩子们的各种问题。

2022 年 3 月，张耀元在活动中遇到了一个女孩晶晶（化名），她是校园欺凌的受害者，曾想过用自残、暴力的方式去解决问题，一度休学在家。张耀元在学校的心理活动室约见了晶晶，刚开始晶晶对公安机关很抵触，经过张耀元耐心开导，晶晶终于敞开了心扉。现在晶晶已经重回学校，学习自己感兴趣的专业。同一时间，一个曾参与过"树洞口袋"活动的女孩离家出走，出走前她删除了家人的联系方式，却保留着张警官的 QQ，这让张耀元通过手机 QQ 顺利找回了女孩，后来女孩家人给张耀元送了一面写有"为民办实事，人民好警察"的锦旗。

2022 年 4 月，张耀元通过"树洞口袋"了解到，在大兴两所学校附近，有一位智障中年男子长期言语骚扰女学生，跟踪女生回家。张耀元马上和民警一起找到骚扰女生的那位男子，并对该男子和其监护人进行了法制教育，防止事情进一步恶化，维护了校园周边安全，得到师生一致好评。

"树洞口袋"活动开展以来，共解决校园隐患类问题 75 个，家庭隐患类问题 55 个，心理隐患类问题 51 个，化解校园矛盾纠纷 56 起，挽救有自杀倾向的学生 7 名，教育感化有重点暴力倾向的学生 15 名，有效地预防和减少青少年违法犯罪，促进青少年健康成长。

（璧山区文明办供稿）

助人为乐

致敬词

十年如一日，高举心中那盏信仰的"灯"，用爱注满灯油，在服务青少年健康成长的道路上绽放出夺目的光华。

刘小红

【小传】刘小红，女，1967年4月生，重庆实尚笙华农业专业合作社理事长、石上生花乡村旅游田园综合体创始人。她返乡创业，带领乡亲脱贫致富。

2018年，刘小红不顾亲朋好友的劝阻，毅然决定放弃重庆经营的公司，回到巫山县双龙镇白坪村老家，带领村民发展乡村旅游。四年来，刘小红一头扎在白坪村，流转了120多户（其中贫困户有20多户）村民的1200亩土地。她带领村民搞建设、种花草，硬是在一片乱石岗中打造出一座以石林为主题，集休闲体验、观光旅游、民宿吃住于一体，以百草植物园、鲁班民宿园、康养怡心园、石尚美食寨"三园一寨"为特色的乡村旅游田园综合体。如今，"石上生花"的日游客量有上百人次，节假日更是达几百人次，十分热闹。

让家乡人脱贫致富一直是刘小红的心愿。她成立专业合作社，采用"公司＋村集体＋农户"的模式，让村民有了出租土地、园区务工、采摘园、农家乐等收入渠道。常年有40余名村民在她的园子里务工，其中大部分是老人、妇女，还有3名残疾人。开展乡村旅游以来，白坪村经济平均增长8.9%，旅游收入达420万元，旅游收入近三年平均增长12.1%，村民年平均收入达2.4万元，年底人均旅游分红3000元左右。

"我只想让我的家乡更美、让乡亲们的生活更好，但我个人的力量有限。"刘小红希望自己返乡创业的经历能引导更多的年轻人回到乡村，推动乡村振兴。于是，刘小红在村里成立了创客返乡服务队，她邀请各类专家到现场进行技术指导，为创客提供"一对一"和"保姆式"服务，壮大集体经济。她还利用现有乡村旅游田园综合体，设立乡村大课堂，建设乡村图书馆、村史展览馆，建成农耕文物展览馆、民俗文化展览馆等，并免费向当地群众开放。同时，定期举办专业培训班，邀请专家为村民讲农业种植技术，开展文明风尚培训。在她的带动下，乡村经济发展起来了，外出务工的村民也回到家乡发展，乡村活力渐渐凸显。

（巫山县文明办供稿）

助人为乐

致敬词

点石成"金"，乱石岗变大花园，扮靓了村庄、带富了村民，致敬致富"领路人"。

胡文学

【小传】胡文学，男，1965年11月生，中共党员、兴业银行重庆分行党委委员、纪委书记、分行副行长。他在晨训途中智救休克路人跑者。

2022年7月24日早晨6点半左右，胡文学和20多位长跑爱好者在渝北金海湾公园进行常规训练，突然发现有一名长跑爱好者躺在地面，全身僵直，双眼紧闭。

没有丝毫犹豫，指挥队伍立即停下，开展救治。经初步检查，倒地者心搏骤停，已无呼吸和知觉，陷入休克状态。胡文学立即对其进行心肺复苏，同时队员们也第一时间拨打"120"急救电话，一些队员在患者周边扇风降温，还有一些队员用湿纸巾擦拭患者额头、颈部和脚底，帮助散热。

胡文学熟练地按压患者胸部，并辅以人工呼吸。长时间、高频率的按压使他满头大汗，但他丝毫不敢松懈。"患者当时的情形十分危急。开始，每次按压还能听到患者从喉咙发出的哼哼声。在按压了十多分钟后，患者进入濒临死亡的状态，身体僵硬静止，再无任何声响发出。"胡文学说，这时救护车还没有到来，如果被动等待，后果将不堪设想。他快速拿出训练保障的AED设备施救，第一次电击后，患者仍无反应。在设备进行数据分析后，提示再进行电击除颤，并继续按压心肺。接连的按压起了效果，患者的四肢逐渐有了缓慢屈伸的动作，并徐徐睁开双眼，开口用很轻微的声音说道："还是很难受。"听到患者开口，大家都很激动。几分钟后，救护车赶到，医护人员立刻对患者进行救治，后续已无大碍。

胡文学成功挽救路人跑者生命的事迹很快被各大媒体宣传开来，大家在赞扬胡文学勇于救人的同时，也不禁纷纷赞叹他超前的安全保障意识。然而无论面对怎样的网络热度与赞誉，胡文学都只是简单地说："这都是我应该做的，我希望大家都能学习急救知识，关键时刻能顶大用。"

（江北区文明办供稿）

见义勇为

致敬词

超前的安全意识，是你施救的保障。沉着冷静的"大心脏"，救人于危难之际。以超凡的勇气和瞬间的壮举，诠释了生命的意义。

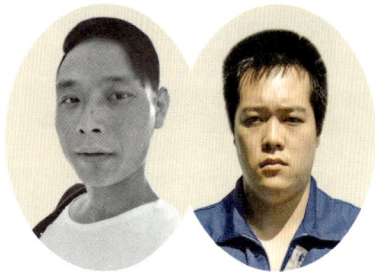

杨 波、张 俊

【小传】 杨波，男，1990年3月—2022年7月，生前系四川省开江县任市镇新庙村村民；张俊，男，1997年1月生，格鼎机电有限公司从事设备安装员。2022年7月28日，两人在嘉陵江边听闻呼救声，奋不顾身跳江救人，一人上岸一人遇难。

2022年7月28日下午2点，渝北区悦来街道老码头，四川小伙杨波和张俊同朋友在江边散步，忽然听见江边有人惊呼："有人掉河里了！"

闻声望去，离岸边数十米远的江水里，有一个小女孩和一个成年女子在慌乱地拍着水，即将被急流卷入河中心。虽然两人身上都有救生圈，但水流很急，小女孩一直在哭，头都沉到水里了，情况十分危急。千钧一发之际，杨波、张俊毫不犹豫地脱掉外衣、裤子跳入江中，游向溺水者。"当时，没想那么多，就在眼前，不下去救就没机会了！"张俊回忆说。施救过程中，因为担心溺水者挣扎，他们一边喊话稳住溺水者情绪，一边将两人往回带。

当时正值汛期，江水湍急，张俊费力地拉着小女孩和女子，三人一起被冲到了下游100多米远处。因曾从事体力劳动，张俊体能较好，在强大的水流阻碍下，他咬牙奋力将小女孩和女子拉上了岸。上岸后才发现，一起施救的杨波没了踪影。围观群众称，杨波在回游的途中被漩涡卷走，头部在水面上冒了两下，就不见了踪影。同行的朋友赶紧在岸边找到一个救生圈，朝杨波所在方向抛过去，但已无济于事。

上岸后，他们得知被救的女子29岁，小女孩只有7岁，事发时站在岸边呼救的是小女孩的母亲。这一跳，拯救了两家人。随后，水上派出所民警及救援队赶到现场搜救杨波，但一无所获。直到7月31日15时许，有市民在沙坪坝区磁器口水上派出所辖区的嘉陵江边发现一具尸体并报警。川渝两地警方联动，提取了杨波父母的DNA进行比对，确认死者就是杨波。

据杨波朋友回忆，杨波平时很乐于助人。在老家时，无论哪家老人需要修理东西，他都跑在最前面。所以，那天率先跳江救人对于杨波而言，完全是一种本能反应，"要救人时他根本不会考虑其他"。

（渝北区文明办供稿）

见义勇为

致敬词

危急时刻，挺身而出，湍急的江水见证了两位英雄的英勇之举，也在深刻缅怀那个江水中的英魂。大爱无声，致敬奔流中的勇者！

易中荣

【小传】易中荣，男，1971年1月生，重庆市巴南区莲花街道中坝岛大中村客渡船船员。2022年8月，在江边勇救落水父子，多年间共救起6名意外落水者。

2022年8月8日晚上7点23分，一声尖叫打破往日的宁静："救命啊！有人落水了！"原来，一名12岁的男孩在巴南区莲花街道中坝岛江边玩水时不慎落入江中。眼见孩子落水，父亲慌了手脚，马上跳入水中，拼命朝儿子落水处游去，但湍急的水流很快将二人卷入深水区。由于过度紧张和体力消耗太大，二人渐渐失去力气，无力挣扎的父亲只能眼看着男孩沉入水中。

危急关头，路过的易中荣听到了呼救声。来不及思考，他以百米冲刺的速度奔至岸边，跳入江中，奋力向落水者游去。其弟易中林见状，也迅速跑到岸边停靠的船上，将救生圈、救生衣扔入江中。随即，易中荣抓住救生圈，将自己的脚伸向男孩沉水处，男孩紧紧抓住易中荣的脚，成功获救。孩子父亲也借助游泳圈，在易中荣及岸边群众的帮助下游回了岸边。

问到救人的感受时，易中荣回答道："没有什么想法，当时只想把人救起来，因为救起一个人也许就是拯救一家人。"

中坝岛是长江上一座美丽的江心小岛，吸引了不少游客前来游玩。易中荣是岛上的客渡船船员，他在这个岗位上一干就是30多年。30多年的船员工作让他的皮肤变得黝黑，不变的却是那颗平凡善良的心。多年来，他前后共救过6个意外落水者。岛上村民评价易中荣时，都这样说道："不图名不图利，救人的事从来不宣扬。"作为在长江边土生土长的中坝岛人，易中荣深知长江水流湍急，加上落水者惊慌失措，如果救援不当很容易搭上自己的性命。他表示，救完人会后怕，但是从不后悔，自己冒着生命危险救人也从来不是为了图回报。

（巴南区文明办供稿）

致敬词　　　　　　　　　　　　　　　　　　　　　见义勇为

烈日晒黑了皮肤，却让心灵更加明亮和坚毅。轮船之上，毫不犹豫地纵身一跃，在奔涌的江水里，用善心聚力，完成了一次次生命的托举。是当之无愧的江中"守护人"！

杨 磊

【小传】杨磊，男，1984 年 7 月生，中共党员，重庆市秀山县第二初级中学保安。他在一次日常的巡查中，听到呼救声，奋不顾身跳入河中，成功挽救了两名孩童的生命。

　　2022 年 8 月 14 日下午 6 点半左右，杨磊跟往常一样在秀山县第二初级中学进行巡查。突然，在离学校不远的河边响起了呼救声——"救命啊！老天爷！哪个来救救我两个孙哦！""有人落水了！"杨磊听到有人呼救后，一边跑向河边，一边大声向两名儿童呼喊："不要慌，叔叔来了！"

　　当杨磊跑到河边时，冰冷的河水已经淹没了两名儿童，情况万分危急！杨磊来不及脱掉外套，便猛地扎进水里。这时，岸边另外几名群众也参与到救援中来。河水无情，两名儿童已被冲到离岸十几米远处，并在不停地挣扎。杨磊奋力游向其中一名儿童身旁，一把抓住他的外套，努力让对方的头部露出水面。同时，另一名群众也向另一名落水儿童游去。由于惊吓过度和呛水，两名儿童都已失去了意识。在众人的合力下，终于在离岸 20 米处将两名儿童成功救上岸。此时杨磊不顾自身在水中被石头刮伤的双腿，立即对两名儿童进行心肺复苏。由于抢救及时，两名儿童均平安无事，杨磊见此情景，默默地消失在人群中。

　　杨磊的事迹很快在各大短视频平台传播，网友们纷纷为他点赞。杨磊对外却只字未提，只是语气平常地说："哪个看见都会救，哪家娃儿都该救。"当被问到"如果以后遇到这种事，你还会不会冲上前？会不会救？"时，杨磊没有丝毫犹豫，回答道："会！肯定会！"

（秀山县文明办供稿）

致敬词　　**见义勇为**

　　见义勇为、挺身而出，是植根于内心的善良。惊心动魄的救人瞬间，彰显了一名共产党员不变的先锋本色和使命担当。

刘甫成

【小传】刘甫成，男，1974年11月生，重庆长运集团潼南分公司108路公交车驾驶员。2022年7月31日，刘甫成在行车过程中发现乘客丢落的背包，经过多方联系，最终将包内装有的8000元现金和各类证件归还失主。

2022年7月31日上午，在潼南至双江108路渝A05678公交车上，一位乘客下车匆忙，不慎将自己的背包遗落在公交车上。当班驾驶员刘甫成驾驶车辆到达终点站准备对车辆进行清洁消毒时，突然发现后排座位放着一个粉红色的背包，他第一时间将背包送到了108路公交调度室。经过潼南分公司公交管理人员多方联系，失主焦急地赶到调度室，对包内物品进行了清点，确认背包里的8000元现金、证件等物品完好无失，她激动地说："这个包对我十分重要，非常感谢公交司机，感谢金佛公交的好心人，为你们点赞。"8月2日，失主亲自送来感谢信和锦旗，对刘甫成再次表达了谢意。

刘甫成驾驶的108路公交车是城乡线路，从潼南城区发车至双江镇。对刘甫成来说，公交车就是他最亲密的"战友"，每天车辆检查、隐患排查、卫生清扫、技术保养是工作的第一道程序，绝不放过任何安全隐患。"作为驾驶员，首先想到的肯定是乘客，车厢虽小，服务无限。"他会为需要照顾的老人、小孩提供帮助，遇到客流高峰时段，也会耐心疏导乘客，叮嘱乘客站稳扶好。

刘甫成说，在车上捡到乘客遗失物品的概率很大，不管是自己捡到的物品，还是乘客捡到交给自己的物品，他都会在第一时间交到调度室，同时在工作群里给同事解释前因后果，方便失主认领。从事公交车驾驶以来，刘甫成和同事已先后向乘客归还失物达130余件。

拾金不昧、乐于助人只是刘甫成日常工作的一个缩影，类似这样的"小事"数不胜数，看似平凡，却饱含温度。刘甫成在他多年的驾驶员职业生涯中，用日常言行的积累和沉淀对平凡与高尚作了最好的诠释，并将继续延续下去……

（潼南区文明办供稿）

致敬词

诚实守信

一弯腰一伸手，拾起的是中华传统美德，归还的是人间温情。用实际行动传递着社会正能量，彰显出文明新风尚，体现了"城市摆渡人"良好的职业道德品行。

王 翔

【小传】王翔，男，1969年4月生，中共党员，重庆市万州区人民法院环境资源审判庭副庭长。他是重庆首批环保法官之一，扎根基层法院26年，带头参与"生态修复＋乡村振兴"司法实践基地建设，用司法的力量守护着三峡库区的绿水青山。

受三峡大坝蓄水影响，三峡库区沿岸约400平方千米"消落带"水土流失严重，植被难以存活，生态系统极为脆弱。2015年，王翔了解到万州区林科所正在实验种植"中山杉"，使其适应三峡库区的生长环境。经过他和同事的努力，万州区法院与多部门共同在大周镇长江沿岸4千米、面积约33公顷的库岸上建成了"生态修复＋乡村振兴"司法实践基地，成功带动当地旅游业发展。

同时，在多年的工作中，王翔善于结合审判实践，总结案件办理经验。先后参与制定了《建立生态环境保护行政执法与司法联动机制的实施意见》《三峡库区生态修复司法保护教育实践基地协调会议纪要》等文件资料，参与编纂、推动出台了《重庆市万州区人民法院关于在三峡库区试行环境保护禁止令的意见》，并于2014年12月3日率先发出三峡库区首张环保禁止令。截至目前，王翔发出环保禁止令共计51份，办结环境资源案件超过2000起，承办的环境公益诉讼案件被评为"全国十大公益诉讼案件"、全国第24批指导性案例等。

2018年，王翔被确诊患上"腺样囊性癌"，他只能暂时告别工作，先后接受36次放疗，并切除了左上腭，植入假体，体重一度降到不足80斤。病情康复后，王翔不顾家人的反对，毅然回到了工作岗位。

一回到岗位上，王翔便完全忘了自己是个大病初愈的人。为了确保手里的案子不超过审限，他时常加班至深夜，甚至在办公室里和衣而眠。2018年至今，王翔每年办理各类案件超200件，其中许多案件得到上级法院的充分肯定，并被公诉机关推广应用。

"我觉得自己真正在做一份事业，用法律守护家乡的一江碧水、两岸青山是我毕生的追求，我愿为此奉献一生。"王翔说。

（万州区文明办供稿）

致敬词

敬业奉献

犹如一棵挺拔的"中山杉"，扎根平湖之畔，即使病魔浸透躯体，依然顽强地守护着一江碧水、两岸青山；宛若迎风翔翔的大鹏，巡航在生态司法最前沿，以满腔赤诚践行初心使命，以公平正义书写三峡绿色传奇。

余 建

【小传】余建，女，1970年3月生，中共党员，重庆市南岸区花园路街道南湖社区书记。扎根社区22年，她始终把居民群众利益放在首位，坚持把群众冷暖装在心里，做好一件件小事，获得群众的高度信任。

2001年，南湖社区成立。余建刚上任就挨家挨户走访，了解居民需求。走访后，她发现社区缺乏群众组织，居民有种找不到"家"的感觉。考虑到社区里国企退休人员较多，且多数有一技之长，余建积极奔走、耐心劝导，终于在南湖社区成立了第一个群众组织——老年协会。在余建的努力下，一个又一个的群众组织如雨后春笋般在南湖社区建立。现在，南湖社区共有45个群众组织、6000余名志愿者，平均每4个居民中就有1名志愿者。从合唱团、舞蹈队到老年大学，从提供志愿服务到参与社区文化生活，几乎所有居民都可以找到满足自身需要的社区组织。

从前困扰南湖社区的有群众组织、基层治理、居民自治等难题。南湖社区有6000多户居民，然而引入物业服务的小区仅占三分之一。2002年，余建和居民代表反复协商，在花园八村小区6栋成立了"南八六"自治委员会，开启了居民自我管理楼栋事务的新路径。"只有社区环境改善了、居民舒心了，大家才会有'家园'意识。"自2013年起，余建还坚持不懈地推进"老旧散"小区环境综合整治工作，三益书院、三益广场……

一个个功能区域、市井小巷焕然一新，逐渐形成了社会主义核心价值观与居民需求相结合"益己、益人、益家园"的"三益"社区文化。多年来，社区通过实施"益己"计划，助推"益人"行动，实现"益家园"建设，把南湖社区从设施破损、环境脏乱的"老旧散"社区改造成干净整洁、环境优美、生态宜居的文明示范社区。

（南岸区委文明办供稿）

敬业奉献

致敬词

22年初心不变，把最美的青春、最宝贵的年华献给社区工作。一颗真心、一份坚守，用实际行动证明了服务群众的不平凡，是居民群众最信赖的贴心人。

秦廷富

【小传】秦廷富，男，1973年7月生，重庆市北碚区融媒体中心记者、中国新闻摄影协会会员。30年来，他坚守在记者岗位上，不忘初心，行以致远。

1992年，秦廷富走上新闻工作者这个岗位，他热爱摄影，并将其融入身体，注入灵魂。为了能拍摄出一组好的照片，秦廷富常常会提前几天做好准备工作。有时为了能拍到一张满意的图片，他会多次往返拍摄地。在秦廷富眼里，新闻摄影已经成为工作和生活中不可缺少的一部分。正是怀揣着对新闻摄影的热爱，工作30年，秦廷富仍能保持对"新闻的激情"，用心去留住"新闻的青春"。

2016年11月30日，世界艾滋病日前夕，秦廷富拍摄的组图《一名艾滋病患者的自我救赎》被新华社播发8张通稿。其实，秦廷富和当事人黄继胜已相识10年，每年的"6·26"国际禁毒日、"12·1"世界艾滋病日都会去采访，连续5年用镜头记录一个艾滋病患者的生活历程。这组稿件被国内外多家媒体采用，中央广播电视台《社会与法》栏目还邀请黄继胜作为嘉宾，为全国观众讲述他的"抗艾"故事。

从2019年开始，秦廷富用镜头记录了缙云山国家级自然保护区生态环境综合整治的过程，记录了重庆这座山城"绿肺"发生的翻天覆地的变化。在缙云山，除了拍摄黛湖，秦廷富还拍摄了"缙岭云霞"景观，仅2021年他就拍了30多次。这一系列缙云山整治图片，被评为重庆市生态文明建设摄影大赛一等奖。经过多年沉淀和打磨，秦廷富已成为新华社、人民日报、光明日报、经济日报、重庆日报等中央和省市媒体签约摄影师，拍摄和采写的新闻作品曾获得重庆新闻奖二等奖、重庆区县报好新闻评选一等奖，还被评为新华社优秀签约摄影师。为了适应媒介环境的发展，秦廷富不断学习，除了常用的PS技术，他还开始学习PR视频剪辑技术，并通过微信公众号、今日头条、企鹅号、抖音等多渠道传播，用新方法讲好北碚故事、讲好中国故事。

（北碚区文明办供稿）

敬业奉献

致敬词

立足岗位做贡献，不忘初心跟党走。一条新闻路，走了30年，只因坚信没有比脚更长的路，而记者的荣光，永远在前方！

沈　健

【小传】沈健，男，1987年3月生，重庆医科大学附属第一医院主治医师，对口帮扶重庆市潼南区人民医院。在10年的执医生涯里，他为百余位冠心病患者打通狭窄的"生命通道"。

2021年7月，沈健跟随重庆医科大学附属第一医院对口帮扶团队来到重庆市潼南区人民医院，担任心血管内科主任助理一职。期间，他带头开展教学查房、疑难病例讨论、集中会诊，亲自主刀每一台冠脉介入手术，带领科室同事开展多项冠脉介入诊疗新技术和新手术项目，将自身所学倾囊相授，推动当地冠脉介入手术量和质大幅提升，多个新手术项目实现了"零的突破"，为潼南区人民医院"胸痛中心"建设打下坚实基础。

69岁的赵大爷身体一直不好，长期拖延导致病情加重。一天下午，赵大爷在家休息时突然感到胸口一阵剧痛，不由自主地瘫倒在沙发上，家人立即将赵大爷送到潼南区人民医院就诊。经过初步检查，沈健怀疑患者的冠状动脉可能发生了堵塞，也就是心肌梗死。冠状动脉是为心脏提供血液的血管，被称为心脏的"生命通道"，一旦完全堵塞，患者就会有生命危险。沈健果断启用绿色通道，迅速安排，为赵大爷进行冠脉介入手术治疗。由于长期拖延，赵大爷的病情十分严峻，手术风险极高。沈健顶着巨大的压力，靠着高超的医术，为赵大爷开通了闭塞的血管，才使其病情稳定下来。

手术后，为让赵大爷尽快康复，沈健一有空闲时间总会坚持到赵大爷的病房巡查，以便随时处理突发情况，手机24小时不离手、不静音、不关机。

赵大爷的治疗、康复只是沈健在潼南区人民医院工作的缩影。来潼南后，沈健先后主持开展冠脉介入手术十余次，主刀各类手术近百台。他说："做一个好医生，就一切都要为病人着想，随时关注病情变化，只要病人康复，再累再苦也值得。"

（潼南区文明办供稿）

敬业奉献

致敬词

大医精诚，大爱无疆。用高超的医术与死神搏斗，勇当患者"心脏生命通道的守护者"。不愧是仁医，是济世良药。

傅小康

【小传】 傅小康，男，1972 年 6 月生，中共党员，中国农业银行重庆武隆支行营业部高级客户经理。担任"三农"客户经理以来，他始终奋斗在服务"三农"第一线，在服务脱贫攻坚和乡村振兴方面做出突出贡献。

他是农户口中的"自家人"。在刚接手片区农户贷款业务时，面临经济底子薄、农民金融风险意识不足等问题，傅小康坚持走村串户，送培训上门，他的足迹遍布武隆区双河镇、仙女山镇周边 30 多个村落。通过宣传金融政策、讲解信用知识，农户们讲诚信、守信用的意识不断增强。

他是扎根田间的"致富顾问"。傅小康自学农业知识，做农户致富路上的引路人，被农户称为"农业专家""致富顾问"，成功帮扶冬桃种植户、烤烟种植户发展壮大，支持龙宝塘村建成几千亩中药材厚朴基地。

他是无私奉献的"好大哥"。傅小康研究开发了"理论 + 实践课堂"双学习模式，将自己多年来的实践经验积累毫无保留地传授给年轻人，帮助他们在学习中快速成长、在岗位上创造价值。

他是坚守原则的"农行人"。从事农户贷款工作之初，每年春节，傅小康都能收到农户送的猪脚、鸡和鸡蛋等农产品，折价上万元。傅小康一点儿也不敢马虎，每次都赶紧将这些"年货"拿到市场托人销售，然后将销售款退还给村民。

2021 年 8 月，以傅小康为主人公的专题纪录片《田埂上的放贷员》在央视农业农村频道播出。同时，各大媒体平台也相继采访报道他的事迹，将他的故事宣传开来。截至 2022 年底，他累计发放农户贷款 4800 笔，帮助 2100 余名农户解决超 4.5 亿元信贷需求，无一笔贷款损失。

（武隆区文明办供稿）

致敬词

敬业奉献

每一个脚印，都熔铸着真情；每一笔贷款，都放飞着梦想。既是农行人，更是田坎上的放贷员。用脚步丈量着武隆山区，用大爱支撑起山村希望。

陈申福

【小传】陈申福，男，1959 年 7 月生，重庆市城口县龙田乡仓房村小学教师。他担任乡村教师 38 年，用爱心与知识照亮山里孩子的出山路。

1965 年，位于群山莽莽、沟壑纵横的仓房村有了第一所"学校"。学校里只有几名学生，唯一的老师还是从外村请来的，但没多久就因无法忍受艰苦的条件而离开了。后来的老师，也很少能待上两年。

陈申福是村里的第一位高中生，毕业后，便在外面打工。1984 年，又一位老师离开了。陈申福听说后，毅然返乡，成为仓房小学唯一的老师。当上小学教师后，陈申福起早贪黑认真备课，根据学生情况针对性制订教学计划。经过一个学期的努力，学生的成绩大幅提升，陈申福也因此"一炮走红"，村民们纷纷将孩子送来读书，班里的学生一下子达到了 60 多人。

在陈申福教书的前几年，他经常发现有学生没来上课，了解后得知，大多数都是家长把孩子带上一同打工去了。为此，他不断进行家访，不厌其烦地给村民做思想工作。在他的劝说下，大部分村民慢慢转变了观念，支持孩子上学。有的家长还将孩子送到龙田乡中心小学、县城学校甚至是重庆更好的学校读书。越来越多的学生考上高中、考上大学，走出仓房，改变命运。

2022 年，陈申福 63 岁，这是他在仓房村小学任教的第 38 个年头。38 年来，他先后教过 300 多名学生，其中，有 190 名初中生、65 名高中生、46 名大学生。

其实，早在 2019 年，陈申福就已经退休了，本可以安享晚年的他想到村里的孩子，还是义无反顾地接受了县里的返聘邀请，又回到他熟悉的三尺讲台上。2022 年 6 月，陈申福送走了仓房小学的最后一届学生。原本可以歇下来的时候，他听说长茅小学的老师退休了，便又主动向上级部门申请，将他调到长茅小学任教。看着长茅小学的 7 个孩子，他说："只要还有一点光亮，就要为教育贡献自己的力量。"

（城口县文明办供稿）

敬业奉献

致敬词

　　三十余年不改育人初心，筑梦三尺讲台播种希望。坚守在山川、河流之间，将无数梦想放飞远方。用一颗心，脉动一群孩子的心；用一点光，点亮山间更多的灯火。

刘远清

【小传】刘远清，女，1972年1月生，中共党员，重庆市巫溪县宁河街道环城社区干部。她带病坚持工作，坚持把社区当作"家"，做群众满意的基层干部。

2020年4月，刘远清检查出患有乳腺囊肿，本应马上入院进行手术治疗，但当时社区正在进行干部调整，很多工作都需要她亲自把关，她便请医生开了药，暂缓手术。6月初，新调任的社区书记因病请假，迫于现状，刘远清又隐瞒了自己的病情，继续坚守工作岗位，将书记、主任工作"一肩挑"。

2020年7月，县上召开文明创建百日攻坚动员大会，为顺利完成全国文明城市迎检工作，她几乎忘记了自己的病情，全身心投入到工作中。几个月来，连续每天清晨五六点就起床，带领社区职工和志愿者检查辖区内的环境卫生，联合城管、消防等部门共同执法，走街串巷挨家挨户宣传文明创建知识，召开院坝会、座谈会等，带领社区干部一起更换多处破损的井盖和旧宣传栏，清理垃圾，整治楼道、社区乱象100余处。

结束忙碌的迎检工作后，第七次全国人口普查工作接踵而来。环城社区人口基数大，分布错综复杂。为完成人口普查工作，刘远清再次推迟了手术时间。不规律的作息导致她的病情加重，但她没有任何抱怨，仍以饱满的热情投入到工作中，保证了社区的各项普查进度顺利推进。

直到文明创建迎检和人口普查工作完成后，刘远清才抽出时间去医院检查和预约手术，但此时她的病情已恶化成了乳腺癌早期，必须住院化疗。截至2022年底，刘远清已进行了多次化疗和靶向治疗，病痛让她消瘦很多，即使这样，在她身体状况稍微好些的时候，都会抽出时间到社区工作，了解群众所需所盼。

作为一名社区干部，20年来，刘远清累计解决群众急难愁盼问题1000余件，是全社区的"主心骨"。她说："只有用心用情把实事办好，才能赢得群众信任，工作也好干了。"

（巫溪县文明办供稿）

致敬词　　　　　　　　　　　　　　　　　　　　**敬业奉献**

　　与病魔较量，量出了人生尺度；与时间赛跑，跑出了生命精彩。初心不忘，身先士卒，用实际行动践行着为人民服务的宗旨。

周晓华

【小传】周晓华，男，1963年3月生，北京大学重庆大数据研究院副院长、北京大学讲席教授、博士生导师。他矢志报国，潜心研究生物统计学三十余载，用成果造福家乡。

1985年，大学毕业后的周晓华赴美求学，在获得硕士、博士学位后，继续在哈佛大学进行生物统计学博士后研究，是国际上诊断医学领域最著名的统计学家之一。他在顶尖统计学及生物统计学期刊上发表SCI论文共270余篇，完成诊断医学领域第一本综合性统计著作《诊断医学统计学》，该书成为诊断医学统计方法的标准教科书。

2018年，周晓华响应国家号召，回国担任北京国际数学研究中心全职教授，筹备设立了国内第一个跨数学和公共卫生学院的生物统计系。周晓华担任首届系主任，他利用多年研究成果和丰富的教学经验，为国家培养了数十位生物统计专业人才，许多学生现已成长为中国和美国著名高校的教授。

2017年，在一次采访中，周晓华曾提到想在医疗大数据方面谋求与重庆合作，为家乡尽绵薄之力。2020年11月，随着重庆高新区与北京大学签订合作协议，这一愿望在西部（重庆）科学城得以实现。周晓华亲自担任研究院副院长，领衔指导中医药大数据实验室和智慧医疗实验室，推动原创科研成果在重庆的转化孵化。研究院落地的两个中心和14个实验室，攻克核心工业软件的"卡脖子"技术，助力重庆汽车、电子、装备制造等支柱性产业转型升级。

周晓华曾荣获世界中医药学会联合会中医药国际贡献奖——科技进步二等奖（第一完成人）、中国产学研合作创新奖，美国联邦政府退伍军人事务部授予的研究生涯科学家成就奖等多项国内国际重要奖项，入选爱思唯尔2021"中国高被引学者"，获得国家海外高层次人才计划特聘专家、中国国家自然科学基金委"海外杰出青年"、中国教育部高层次文教专家、中国教育部海外名师、2022十大重庆科技创新年度人物等称号。

"相信自己、要有恒心、胸怀要开阔。"这是周晓华的座右铭，也是他人生的写照。

（重庆高新区党工委宣传部供稿）

敬业奉献

致敬词

潜心科研三十余载，始终胸怀祖国；落地运营医疗合作，努力造福家乡。虔诚而执着，至信而深厚，诠释了科学家精神，是操守，是品格，更是人生境界。

程 萍

【小传】程萍，女，1972年6月生，重庆市万盛经开区万东镇塔山社区居民。四处奔走寻医，风雨无阻陪读，用爱陪伴脑瘫女儿成长。

2014年12月，42岁的程萍早产生下一对双胞胎女儿，当一家人为两个孩子的降临感到高兴时，程萍发现，女儿小雅和同龄孩子有些不太一样。"快1岁了还不会翻身，也不会坐立。"程萍和丈夫忙将小雅送往医院检查，一纸"脑瘫"的诊断结果让夫妻俩瘫软在地。而后，他们将小女儿交由老人照顾，揣着半生的积蓄，东奔西走，寻医问诊。

医生告知做康复治疗对病情有很大帮助，但这是一个漫长而艰难的过程。程萍辞去了工作，精心照顾小雅，丈夫继续打工挣钱。山东省一家康复医院是程萍和小雅待得最久的地方。整整五年，陈萍每天背着女儿往返于出租屋和医院之间，也曾有过无助和沮丧，但在路人、公交车师傅和康复老师等众多好心人的鼓励和帮助下，在家人的支持下，让当初翻身都做不到的小雅站了起来。为给小雅看病，夫妻俩共计花费了100多万元，家里经济十分拮据，夫妻俩卖掉了江苏的房子，还了部分借款，来到万盛定居，为孩子上学做准备。"小雅爱翻家里的书，看着其他小朋友去学校，也嚷着要上学。"程萍说，小雅生活自理都很困难，不要说读书，如何走到学校去都是一个问题。

2021年秋天，小雅到了上小学的年龄，程萍又背着女儿来到福耀实验学校求学。校方被这对执着的母女所感动，破例招收了生活不能自理的小雅为一年级学生，并让母亲每天陪读。每天早上，程萍搀扶着小雅准时到校上课。为了更好地为小雅进行课后辅导，她认真听老师讲课，时不时做笔记，回家后再重复讲给女儿听。就这样，程萍每天风雨无阻往返于家和学校之间，没让小雅落下一堂课。

事无巨细地照顾生活、送上学、陪读、做康复……程萍的付出也换来回报。小雅从最开始连笔都不会握，到现在能够像其他孩子一样规范地书写，进步非常明显。此外，识字、读诗、唱歌、算术，小雅也样样都没落下。程萍说，小雅曾悄悄告诉她，将来她也要上大学。程萍最大的愿望就是女儿将来能够做一个自立自强的人。

（万盛经开区文明办供稿）

致敬词

孝老爱亲

用恒久的平凡，书写着孝老爱亲的美妙诗句；用伟大的母爱，诠释着生活中舍与得的真谛。无论天荒地老，无论沧海桑田，用超越平凡的勇气，彰显着大爱无声、血脉相依的至美真情。

姚绍付

【小传】姚绍付，男，1952年10月生，重庆市秀山县大溪乡村民。他细心照顾瘫痪妻子20年，患难中见夫妻真情。

2002年10月，姚绍付的妻子黄徐英上山砍柴，不小心掉下悬崖，送医抢救后，虽保住了性命，但下半身却瘫痪了。后经医疗机构鉴定为一级残疾，黄徐英只能瘫痪在床，生活不能自理，神志也一天不如一天，家庭的重担全部压在姚绍付一个人身上。

每天早晨，姚绍付服侍好妻子后，常常来不及吃上一口热饭便要下地干农活。冬天，饭菜冷得快，在喂完妻子后，他便将就吃冷饭剩菜。忙完农活回到家，满身泥土的姚绍付来不及换洗，又要继续忙做家务。晚上睡觉的时候，姚绍付害怕妻子躺太久失去知觉，他坚持半夜起床给妻子翻身、做按摩。黄徐英说："是我拖累他了，他是个好男人，从来不会向我发脾气，一直全心全意地对我。"

20年来，姚绍付不离不弃、无微不至地照顾妻子，每天除了洗脸、喂饭、喂药、擦洗身子、推拿按摩，还要给妻子排大便。因担心妻子长时间躺在床上生褥疮，姚绍付每隔几个小时便要帮妻子翻一次身，陪妻子聊天解闷。就这样日复一日、年复一年，岁月在姚绍付脸上刻下了深深的印痕，长期的劳作也使他的身体日趋瘦弱。但他一直都乐观面对，"照顾她是我的责任，对得起自己的良心"，他是这么说的，也是这么做的。

姚绍付长期照顾妻子的行为深受周边群众的好评，当问起周围群众时，大家都表示："老姚？那没话说，是个好丈夫，周围几个寨子的人都佩服他。"……

（秀山县文明办供稿）

孝老爱亲

致敬词

没有感天动地的事迹，不用震耳发聩的表白，无须慷慨激昂的陈述，把"爱"深深刻在自己心里，用实际行动谱写着"爱"的朴实与无华，诠释了"相濡以沫"的真正含义。

喻吉贵

【小传】喻吉贵，男，1961年8月生，重庆市涪陵区民政优抚医院退休职工、重庆市盲人按摩学会副会长。因意外双目失明，但他乐观面对生活，潜心钻研按摩技术，并无私帮助和他一样的残疾人，凭一技之长在社会立足。

17岁时，因为一场意外，喻吉贵的双眼失明。这让他和家人陷入绝望，他的母亲因自责而抑郁成疾，不到3年就离开人世。

遭遇双重打击的喻吉贵深信"天无绝人之路"，积极面对生活。得知四川省举办盲人按摩培训班的信息，喻吉贵苦学盲文，通过考核，获得培训资格。经过两年培训班的系统学习，他成功掌握按摩要领，从此打开了人生的另一扇窗。

喻吉贵在老家涪陵蔺市镇开了一家按摩店，因为技艺娴熟，收费合理，生意红火。1985年3月，喻吉贵被涪陵民政局抽调，组建盲人按摩门诊部，由他出任所长。他以患者为亲人，无论白天黑夜、刮风下雨，他都坚持为行动困难的患者上门送医，40年为15万余人次患者缓解病痛。

喻吉贵注重学习，即使出行不便，他仍然坚持每年参加各类按摩理论研究会、按摩技术培训班学习交流，并长年坚持通过远程课堂听国内知名按摩专家讲课。他用盲文撰写了论文21篇，在各级按摩医学杂志上发表。他在工作中根据患者的具体需求，琢磨自创了按摩辅助器材腰椎震动式牵引床，自主研发了助推按摩效力的药酒和特殊物理治疗技法。

一直以来，喻吉贵都想帮助更多的人，为社会做出贡献。他收了20多名徒弟，其中一半以上都是盲人，他免收学费，将技术毫无保留地传授给他们，而且关心他们的生活，在他们遇到困难时热心帮助。多年来，喻吉贵早已记不清自己帮助了多少残疾人。如今，这些徒弟70%都开了按摩店，凭着一技之长在社会上立足，还有了幸福的家庭。

"向他们伸出援手，就是想他们自立自强于社会，迈上人生的'幸福路'。"喻吉贵说。2019年9月19日，为感谢党和政府对盲人群体的关爱，喻吉贵带领100名盲人和盲人歌手走上街头广场，手舞红旗，高唱爱国歌曲，并由60余名盲人按摩工作者为市民免费23按摩。

（涪陵区文明办供稿）

致敬词

自强不息

眼盲心亮，身残志坚，"推"出一片光明；与爱随行，授人以渔，"按"出一片天地。身处逆境不忘助人，用善良为他人打开"幸福窗"。

彭胜国

【小传】彭胜国，男，1975 年 4 月生，中共党员，重庆市垫江县新民镇帽合村村民。1999 年的一场车祸，导致彭胜国余生只能靠轮椅代步。他却凭借自己顽强的毅力，打造出了一个残疾人创业基地。

彭胜国出生在垫江县新民镇的一个农民家庭，父亲长年瘫痪在床，因家境贫穷，彭胜国只得外出打工维持一家人的生计。1999 年农历十月初二，彭胜国应邀参加同学婚礼，在与新郎坐摩托车上街买东西时遭遇车祸。彭胜国当场被甩出 20 多米，动弹不得。"当时，经过治疗，命算是救回来了，但诊断显示，肩关节、腰椎粉碎性骨折，股骨中断导致大量内出血。"回想这段往事，彭胜国伤心不已。这次的意外导致彭胜国再也无法站立行走。那段时间，他天天待在家中，不想出门，非常颓废。直到有一天，他看到年迈的母亲为自己操心，深受触动，决定重新振作起来。

2008 年，彭胜国凭借多年打工学到的手艺，开始了自己的创业之路。在当地政府、社区居委会的大力支持下，彭胜国借了 1000 元钱在镇上租了间房子和一台做鞋的电车，创建了一个专门生产学生书包的作坊。因为书包质优价廉，生意十分火爆。有了几万元的积蓄后，彭胜国决定继续拓展自己的事业，他在邻村承包了 50 亩地，开始挖塘养鱼。第一年，他投了三万尾鱼，由于遭遇了风灾，所有投资都打了水漂。在磨砺中，彭胜国变得更加坚强，随后又开办养鸡场，半年时间纯收入达 3 万余元。后来，他扩大养殖规模，还将一期购买的 1500 只鸡苗免费分发给 15 户残疾人养殖，并对成鸡统一进行收购，切实解决他们的销售难问题。

彭胜国热心公益事业，先后资助 3 名大学生完成硕士学业。他还积极参与脊髓损伤者"希望之家"的创建与运营工作，并担任脊髓损伤者"希望之家"主任一职。为了帮助脊髓损伤者融入社会，彭胜国经常组织社会爱心人士定期去家庭困难的脊髓损伤者家中走访慰问。从 2016 年至今，脊髓损伤者"希望之家"在彭胜国的带领下已发展会员 123 人，间接受益者多达 400 余人。2020 年 6 月，彭胜国加入了中国共产党，成为县肢残人协会第三党小组的成员。

（垫江县文明办供稿）

致敬词

自强不息

身体的残疾，限制的是躯体，却限制不了不向命运低头、追求美好生活的心。在创业的道路上，他怀揣理想，不仅用勤劳的双手创造出属于自己的幸福生活，还帮助了更多像他一样的人实现就业，创造财富。

两江流光 / 张坤琨

2022 年抗击疫情旱情火情

「重庆好人」特别奖

骆明文

【小传】 骆明文，男，1982年2月生，中共党员，重庆市蓝天救援队党委书记、队长。他牵头成立重庆市蓝天救援队，身先士卒、以身作则，多次带队投身国内外重大抢险救灾、抗疫情、战山火，为灾难面前的人们撑出一片蓝天。

"我志愿加入蓝天救援队，遵循人道、博爱、奉献的志愿精神……在各种危机面前竭尽所能地挽救生命。"2014年，在一间租来的简陋办公室内，骆明文带领第一批志愿者对着入队誓词进行了庄严宣誓。从此，重庆市蓝天救援队正式成立。

无论是自然灾害还是社会突发事件，骆明文始终不知疲倦地立即响应冲在一线。2020年6月，重庆经历了多轮大范围强降雨袭击，灾情发生后，骆明文立即组织20支蓝天救援队伍冒雨"逆行"，救出被困群众1536人。洪水退去后，他又组织316名志愿者开展紧急清淤、消杀工作。2021年7月，河南遭遇特大洪灾，骆明文与79名重庆市蓝天救援队员奔赴河南、支援"前线"，救出被困群众2053人，完成防疫消杀面积达750余万平方米。在救灾期间，骆明文天天住自搭帐篷，餐餐吃泡面，每天工作强度超过15个小时，有时忙到通宵达旦，但他不曾有一句怨言，因为挽救生命高于一切的理念早已厚植于他的心中。

2022年8月，重庆遭遇连续高温干旱天气，万州多地出现严重旱情，骆明文一行冒着酷暑，为长坪乡的村民安装灌溉设备，给恒合乡村民送去饮用水50余吨。当山火在涪陵、大足、巴南、万州肆虐时，他又带领173名志愿者投身到战山火中。

多年来，骆明文带领蓝天救援队用热血为生命护航，成为群众身边值得信赖的"蓝衣队长"。面对大家的肯定与赞许，他说："在和平年代，大家都渴望岁月静好，但总要有人负重前行，我愿意一辈子做一名逆行者。"

（万州区文明办供稿）

致敬词　　　　　　　　　　　　　　　　　　先进个人

八载春秋，十万火急，哪里有灾难，哪里就有逆行出征、冲锋在前的身影。和平年代，用热血为生命护航。一腔英雄气，四顾浩无边！

张瑞平

【小传】张瑞平，男，1970年2月生，重庆市出租汽车有限责任公司第四分公司班组长。新冠肺炎疫情防控关键时期，他不顾个人安危，免费接送乘客500余人；热衷公益事业，帮扶困难老人、留守儿童，策划组织公益活动上百场。

春季植树添绿、夏季送考助残、秋季敬老扶贫、冬季献血济困……张瑞平的出租车驾龄已有32年，他在平凡的岗位书写着闪亮的人生，小小的三米车厢成了他的舞台。

2022年11月，重庆新冠肺炎疫情防控工作正处于关键时期，转运车辆紧缺，张瑞平放弃出租车业务，主动到大渡口区春晖路街道当起了志愿者，日夜奔波，接送病人往返医院。每天，街道除了急诊呼叫"120"，其余的需求就派给张瑞平。就这样，张瑞平当起了生命的"摆渡者"，他的乘客有癌症患者，有送高烧小孩去医院的父母，有需要做血液透析的病人……透析一般要做4个小时，张瑞平就在医院外等4个小时，再将病人送回家。张瑞平的出租车如同一个"小剧场"，每天上演着生命故事。一个月内，张瑞平接送的乘客达500余人次，其中透析病人50余人，及时保障了急难危重病人及陪护人员的出行需求。

张瑞平的爱心义举还不止于此，2007年至今，他每年坚持免费接送高考考生，认养特困山区遗孤小女孩直至成年，结对帮扶"两参"遗孀83岁的彭婆婆……他始终秉承"老吾老以及人之老，幼吾幼以及人之幼"的精神，关爱老人，帮扶留守儿童、残疾人等，成为山城一张传播文明、传递爱心的"城市名片"。

（大渡口区文明办供稿）

先进个人

致敬词

平凡的岗位，不凡的奉献。舍小家、为大家，用小小的三米车厢，将温暖洒遍山城大街小巷，让无数人铭记了那"一抹黄"。

裴 妮

【小传】裴妮，女，1978年7月生，中共党员，重庆市江北区石马河街道香雪苑社区居委会主任。社区"当家人"发动家人共同坚守疫情第一线，顺利完成了社区居民和外来人员1.3万人的核酸检测。

在江北区石马河街道，有一位美丽的"平凡英雄"。身为社区居委会主任的她扎根基层15年，她的故事平凡质朴，却闪动着点点微光，温暖着无数群众的心。她就是裴妮。

作为基层一线的工作者，裴妮认为香雪苑社区就是一个"大家庭"，她相信和群众贴得越近，越能知道群众最真实的需求和意见，她的工作才更能让"一大家子人"满意。2022年夏天，作为香雪苑社区"当家人"裴妮，义无反顾冲在了抗疫第一线。她不光统筹组织本辖区所有核酸检测点位的各项工作，还积极发动家人参加抗疫。裴妮的丈夫承担起街道疫情防控物资转运工作，还在上大学的女儿也利用假期加入到抗疫志愿者队伍。

8月23日下午，从准备核酸检测区域开始，裴妮一家三口就一直忙碌在一线。她负责4个点位和14个台位，9名社区干部，113名志愿者的设置、调配、保障等工作；丈夫奔走于运送人员和物资；女儿在现场维护秩序，直到8月25日上午10：40结束。裴妮一家和社区志愿者顺利完成了辖区居民和外来人员1.3万余人的核酸检测。

谈起家人，裴妮的言语中不光有笑容，更有闪烁的泪花。她的婆婆因高烧不退住了院，当时疫情吃紧，她鲜少有时间到医院陪护，老人不幸离世，裴妮也没能见到婆婆最后一面。她哽咽地说："相处25年，婆婆和我就像亲生母女一样，她最信任我，但遗憾的是没有见到最后一面……"泪水过后，裴妮又迅速投入到紧张的工作中，她告诉自己，社区这个大家也要用心守护。

（江北区文明办供稿）

致敬词　　　　　　　　　　　　　　　　　　　　　　　　　**先进个人**

　　是尽职尽责的社区"大家长"，也是冲锋在前的生命"守护神"。将"小家"奉献给"大家"，以坚守书写了人间大爱！

刘顺达

【小传】刘顺达，男，1994年2月生，重庆骐鸣体育文化发展股份有限公司游泳教练。在居民人数高达6547人的老旧小区提供接单、采单、送单贴心服务，为散居区41栋楼梯房居民解决了各种"急难愁盼"问题。

家住重庆大学城的刘顺达没想到自己有一天会在江北区大石坝街道"安"下了家。2022年11月的一天，刘顺达在朋友圈看到大石坝街道大桥社区正在招募志愿者，喜欢摩托车骑行的他想也没想，带上铺盖卷，跨上摩托车，来到天桥社区当起了志愿者，干起了代买物资、药品和运输防疫物资的志愿服务工作。志愿者众多，但自带铺盖卷跨区支援近1个月的少见。

天桥社区的居民多是老人，不太会使用智能手机，买菜买药成了大问题。刘顺达便挨家挨户收集老人购物需求，为他们代买代送。代购的前几天，"接单"的时间是随机的，接一单便要跑一趟。老人们手写的购物单据要求十分细致：大葱要3根，小葱要2元的，包包白要3斤的……一开始真难倒了很少下厨的刘顺达。为了提高效率，他提醒居民把"下单"时间集中到每天早上9点半前，他与超市工作人员沟通，由工作人员代为挑选菜品并打包。这样一来，每天上午11点半前他就能完成蔬菜配送工作，余下的时间便可腾出来运送其他物资。

"@刘顺达，快来接单啦！""@刘顺达，请问下午能帮我送一袋大米吗？"尽管集中了下单时间，但每当有居民临时发来购物需求时，他也从不拒绝。至于买药，那更是不限时段、全天接单。刘顺达每天穿梭在超市、药店和社区楼栋之间，正如他的名字"顺达"一样，他希望接下的每一单，都能顺利送达居民手中。

"这样温暖的事情太多太多了，志愿者之间互相理解、互相支持，居民的理解和感激……这些都是鼓励我继续出发的力量。"刘顺达说道。他24小时守好居民的"菜篮子""米袋子""药罐子"。虽不是土生土长的大石坝人，却成了大石坝的"好亲戚"。

（江北区文明办供稿）

先进个人

致敬词

　　是一道微光，勇往直前服务群众不负所托；是一名战士，冲破病毒的封锁，使命必达信守承诺。防护服下的汗水彰显着青春的宣言和逆行的担当！

吴 烈

【小传】吴烈，男，1967年2月生，重庆市沙坪坝区渝碚路街道沙南街社区助残员。疫情期间，身为残障人士的吴烈每天带着医护人员前往高风险楼栋，上门为居民进行核酸检测。本该是需要社会关爱帮助的特殊群体，在疫情前挺身而出，贡献着自己的力量。

吴烈永远不会忘记那个令他抱憾终生的23岁，那一年，他失去了健全的身体，一只手前臂被截肢，另一只手残废。很长的时间里，他都无法接受这个事实，在那段阴霾的日子，社区工作人员就像从缝隙里洒进来的阳光，时常上门关心他的身体和精神状况，陪他聊天谈心。吴烈将这份温暖记在了心里，他希望有一天自己也能有机会给他人带去温暖。

社区有一个岗位叫助残员，顾名思义，职责就是在生活中关爱、帮助残障人员。吴烈自告奋勇担任这个角色，为其他处于阴霾中的残障人士带去一缕阳光。虽然身体上有残缺，但是工作起来却丝毫不打折扣。辖区残障人士有什么需求，都喜欢找吴烈帮忙。在他们眼中，吴烈不仅像家人一样在生活上照顾他们，更是一名榜样，让他们看到了特殊群体也能如此乐观积极地活下去。

2022年11月，随着疫情形势发展严峻，吴烈想着一定要为大家多做点什么，但因为身体原因，他搬不了重物，开不了车，看到大家都忙忙碌碌，他感到有些沮丧。沙南街社区党委书记王方芳的一番话让他充满了干劲："我们社区老旧小区这么多，你一直住在这里，是最熟悉路的，正好可以给医护人员带路。"于是，换上"大白"服装，像导航一样精准地领着医护人员前往社区里风险最大的楼栋采集核酸成了吴烈每天的日常，一天下来要走2万多步，失去双手的他，却用脚步丈量了千家万户。

就这样，吴烈每天都带领着医护人员穿梭在高风险楼栋，上门为居家隔离和高风险人群进行核酸检测。"能让医护人员更快地完成核酸采集，我觉得再辛苦都是值得的。"吴烈说。

（沙坪坝区文明办供稿）

致敬词

先进个人

坚强是你的羽毛，善良是你的翅膀。在残缺的世界里，你挥动羽翼，用大爱驱赶阴霾。人间温暖，你就是阳光。

刘 梅

【小传】刘梅，女，1972年4月生，重庆刘一手火锅品牌创始人。她热心公益事业，捐款捐物近两百万元；开创公益火锅品牌，帮助4000余名残疾人就业，以实际行动积极回馈社会。

2000年12月，刘梅为帮助因车祸失去一只手的哥哥刘松找回自信，与哥哥一起在九龙坡区科园三街创建了首家"重庆刘一手火锅"店。哥哥失去了一只手，"刘一手"的名字也由此而来。如今，刘一手火锅在全球拥有600多家分店，为餐饮行业培养了近万名管理人才，帮助1000多人实现了创业梦。

2012年，刘一手集团创建了公益火锅品牌——刘一手心火锅。刘一手心火锅作为全国首家无声主题火锅，大部分服务员是聋哑人，其创立的初衷是让残疾人依靠自己的双手，用劳动创造价值，过上有尊严、有品质的生活。目前，在全国已开设80多家门店，解决残疾人就业4000余人，已成为残疾人自力更生的事业平台，同时部分盈利也投入到残疾人公益事业中。

刘一手火锅自成立以来，先后在四川汶川地震、甘肃文县地震、青海玉树地震等灾害中，捐款捐物近百万元。为解决偏远山区教育资源短缺问题，2013年至今，刘一手餐饮集团资助重庆垫江大石乡小学教学及学生学习用品近10年；为四川渠县家乡学校教学、乡村修路捐赠46万元；为残疾歌手、残疾儿童、困难职工、农民工捐款10余万元，等等。同时，刘梅还发起了善美重庆公益基金，为重庆公益事业搭建基础平台，贡献一己之力。2020年，刘梅为抗疫一线捐助价值20余万元的物资。2022年，刘梅将近5万元的爱心物资免费赠与渝州路街道封控社区的老弱、贫困、残疾群体居民和一线抗疫人员。

为大力推行文明用餐"光盘行动"，刘一手餐饮集团以身作则，示范带动，从调整菜品、节约食材、服务标准等多方面出台了"反对餐饮浪费"系列改进措施，推行"小份菜、拼盘菜、支持退菜、打包免费"等举措和惠民政策，获得了消费者的广泛赞誉，《央广新闻》栏目对此进行了采访报道。

（九龙坡区文明办供稿）

先进个人

致敬词

精益求精办企业，知恩图报回馈社会，以实际行动彰显民营企业家的责任与担当，已成为引领新时代渝商的风向标。

胡 晓

【小传】胡晓，女，1997年7月生，重庆市九龙坡区中医院推拿科护士长、副主任护师。她多次在疫情防控中冲在一线，做人民群众健康的守护者。

2022年4月，上海暴发新冠肺炎疫情，胡晓主动请缨奔赴上海，担任九龙坡区医疗队物资组组长、中医院医疗队领队，参与松江一号、三号方舱及定点医院新冠肺炎患者的治疗、物资供应和护理团队管理等工作。援沪期间，她充分发挥中医特点和优势，以中医治疗的实际效果赢得了医患的认可。重庆日报先后两次报道了她的抗疫工作，所在团队的中医治疗技术也得到了《中国中医药报》的推广。

2022年8月，重庆市九龙坡区西彭镇发生疫情，胡晓临危受命，一个小时内集结50名医护人员紧急驰援西彭，负责7个核酸采集点共27个核酸采集台的核酸采集任务。当天下午，她和队员们进行采集点的搭建以及物资的整理，一直工作到凌晨。还没来得及洗漱，又接到上级紧急通知，由于老年人较多，行动不便，需上门采集核酸，她立即召集队员展开工作，在小区楼栋一层一层地采集，直到凌晨3点才结束。

8月的重庆，最高气温43摄氏度，地表温度71摄氏度。防护服、N95口罩、面屏、两层手套，穿上这些防护设备，就像是进入了蒸笼，不一会儿，全身就已湿透。即使做好了一切防暑措施，但还是有10名队员中暑晕倒。胡晓二话不说，穿上防护服接替他们。

9天的时间里，胡晓带领的抗疫突击队共完成核酸采集工作8万余人次。她们不分日夜、不惧危险，身着密不透风的防护服奋战在各个采集点。高强度的工作导致胡晓胰腺炎复发，脚上磨起多个水泡，手上骨折的伤口还未痊愈又已被汗水泡烂，但她忍受着疼痛仍在坚守，并对队员们无微不至地关心，因此大家都尊称她为"胡妈妈"。

驰援结束后，团队共收到感谢信20封、锦旗8面、手绘画数张。

（九龙坡区文明办供稿）

先进个人

致敬词

因为执着，所以坚守；因为坚守，更加美丽。用自己的平凡付出诠释着忠诚与奉献，用笃定的"逆行"奔赴守护着万家灯火，以新时代医务工作者风采书写了最美芳华。

张 俊

【小传】张俊，男，1985年11月生，重庆市北碚区二馒头汽摩托车培训中心教练。战山火的危急时刻，他奋勇逆行，召集摩托车友协助后勤补给物资运输和人员运送，彰显患难与共的人间真情。

2022年8月21日，对北碚区乃至重庆市人民来说，是一个难以忘却的日子，熊熊山火在北碚区歇马街道虎头村爆发，大火扑而复燃，多点散发，愈烧愈烈。缙云山地势陡峭，通往灭火点的道路狭窄，普通车辆上山困难，只有摩托车才能适应这样的路况。

张俊网名"二馒头"，一名土生土长的北碚人，也是新媒体平台的一位小"网红"。22日上午，得知火势严峻的张俊立刻录制了一段小视频发到社交平台上，召唤摩托车友们带车前来做志愿者帮忙运输物资。与此同时，他毫不犹豫冲往火情一线，带着50余名摩托车手骑车上山参与灭火"战斗"。

8月23日，张俊的短视频播放量突破了500万，他的手机消息从未停止过，来自四川、武汉、广东等地的摩托车手给他打来电话，更有一位来自黑龙江的摩托车手想带领500位摩友前来驰援。张俊组织了周边省市和区县1000多台越野摩托车及其车手投入战山火中，他们无畏火势汹涌，无畏尘土飞扬，无畏路险坡陡。山火肆虐的5天，张俊的短视频播放量突破1700万，到现场支援的几千名摩托车手大部分是应张俊的视频而来的。在与山火的斗争中，他们发挥了巨大的作用——累计安全运送4000多件矿泉水、3000多份盒饭、100多件防暑药品、大量冰镇食品、几百个专用重型灭火器，接送上百名消防人员、油锯手上山，配合挖掘了几百米隔离带……

"当时没时间想那么多，能做一点就做一点，每个人都尽力去做，事情就有希望……"在肆虐的山火面前，个人总是显得很渺小，张俊既是这么说的，也是这么做的。

（北碚区文明办供稿）

先进个人

致敬词

无畏火势汹涌，无畏尘土飞扬。一呼百应，集结摩托"铁军"逆行而上；勇者无畏，守护家乡山水一方平安。无愧是家乡人的真英雄！

曾佑柯

【小传】曾佑柯，男，1983 年 1 月生，重庆市北碚区顺丰同城急送外卖骑手。他连续四天三夜在山火中运送物资、接送救援人员，用一腔热血赤忱守护山城平安。

2022 年盛夏，连晴高温席卷山城。8 月 21 日晚，北碚山火爆发，大火扑而复燃，众多消防员和志愿者一道展开了一场激烈的抗火战斗。由于道路不通，地形复杂，运送物资和保证灭火设备及时供给成为当时亟须解决的难题。22 日凌晨，山火救援志愿者群里不停闪烁着摩托车骑手集结的消息，刚刚结束一天急送工作的曾佑柯躺在床上彻夜难眠。一大早，曾佑柯便发动北碚顺丰同城急送站点的 100 余名同事驾驶摩托车火速赶往虎头山火场，从小虎路口转运物资至虎头山水库。奈何火呈多点散发趋势，曾佑柯听闻海螺沟需要人员和物资，来不及休息的他又一次奔赴海螺沟现场。当收到指挥部有关山火一线需要人员的指令时，他扛着灭火器就往山火一线跑，全然不顾高温的灼烤和浓烟的侵袭。

奔忙一整天的曾佑柯还来不及休息，23 日早晨又一次奔赴歇马王家湾、虎头山第一火点参与灭火和转运工作。道路崎岖、坡度陡峭，很多摩托车在运输过程中因颠簸翻车。但他却顾不上休息，一次次马不停蹄地转运矿泉水、盒饭、药品等物资。24 日，曾佑柯再一次往返三花石与缙云山顶之间，和"火魔"抢时间，来回运送物资。高温加上大量体力消耗，曾佑柯和志愿者们大都中暑了两三次，在安全地带稍作休息后，又立即投入"战斗"。25 日，曾佑柯与志愿者们在地形复杂的缙云山自发排成人墙接力运送物资，经手的水、藿香正气液、盒饭等物品，不计其数……25 日晚上 11 点，得到山火明火已被有效封控的消息，他终于松了一口气。

四天三夜，曾佑柯只睡过两次觉，每次不超过两三个小时。

"人虽然很累，但救火必须争分夺秒，一刻都耽搁不得。"曾佑柯说，为这座自己深深热爱的城市尽一点绵薄之力，就是他最大的心愿。

（北碚区文明办供稿）

致敬词

先进个人

四天三夜，以超人毅力鏖战无情山火；千难万险，用一腔热忱守护山城平安。缙云山间留有你往来骑行的身影，人们眼中你是勇冲在前的英雄！

杨琰烽

【小传】杨琰烽，男，1996 年 9 月生，重庆市渝北区两路街道义学路社区菜鸟驿站站长。抗疫线上运送物资，山火现场开辟防火带，"菜鸟驿站"站长用古道热肠和一双巧手收获众人点赞。

杨琰烽在渝北区两路街道经营一家菜鸟驿站，但在 2022 年疫情肆虐的那个寒冬，"菜鸟"无法再"飞"了。面对暂停营业的现实，他心里牵挂更多的并不是自己的生意，而是危难当下能为平时照顾生意的居民们做点什么？在看到义学路社区征集志愿者的消息后，他毫不犹豫报了名。

对于整个社区来说，杨琰烽算是"一块宝"。社区急需"摆渡"抗疫物资，杨琰烽便骑来了他的平衡车；当平衡车续航吃紧，他又骑着电三轮接着抢运物资。两个"电疙瘩"轮流充电，轮流上路，架起了社区到居民区之间的"安全通道"。当不运送物资时，杨琰烽就在核酸检测点帮忙，此时他又会拿出另外一套装备——音响和手提话筒，平时用来在广场喊话、通知用户取快递，现在则用来喊大家下来做核酸、做防疫知识喊话。

8 月 25 日的北碚缙云山，山火肆虐，在一次次扑灭又复燃的"拉锯战"中，纯靠人力已无法阻断火势，一条条紧急辟出的防火带相继失守，必须借助工具和机械，重筑一道阻火防线，油锯手们纷纷上场，杨琰烽就是其中的一员。看到紧急征集油锯手的消息，熟练各种器械的杨琰烽果断报名。他回忆道，自己是当晚 10 点上的山，干了一个通宵，直到次日下午 7 点阻火隔离带的树木锯完。后来，他看到很多油锯已经坏了，又留下来帮忙修理。

在街坊邻居心中，杨琰烽总是有求必应。帮社区装过设备，帮邻居修过门、安过风扇，甚至连专业的新风系统，他都给免费安装。至于修锁、修小家电等，更是每天的日常事务。社区有需要帮忙的，也总是第一个想到他。在杨琰烽看来，这就是最美好的"双向奔赴"。

（渝北区文明办供稿）

先进个人

致敬词

手里握的是工具，心里装着的是大爱。一份热心肠，无限邻里情；战"疫"又斗火，男儿显担当！

覃长武

【小传】覃长武，男，1966年10月—2022年11月，中共党员，生前系重庆市巴南区鱼洞街道化龙路社区党委书记、居委会主任。2022年11月21日上午8点，覃长武在工作中突发脑出血，把生命献给了自己最热爱的社区工作。

在人口密集的巴南区鱼洞街道，有着这样一个社区。整个社区由190栋单体楼和4个物业小区组成，常住人口1.05万人，其中老龄人口占比高达38%，它便是化龙路社区。做好全社区的疫情防控工作，是挂在覃长武心头的大事。检查防疫物资、解答群众疑问、登记进出人员、劝导居民居家……覃长武奔走在每一个核酸采样点、每一个物业小区、每一个单体楼栋，他用脚步丈量着社区的角角落落。

冬日的天总是亮得很晚，还没等到天际泛起鱼肚白，覃长武就要前往区人民广场核酸采样点，带领社区工作人员筹备全员核酸检测工作。连续多日，覃长武的眼睛始终布满血丝，24小时连轴转对他来说已是"家常便饭"。2022年11月21日，化龙路社区工作群的工作人员收到一则令人悲恸的消息："覃书记因连续奋战防疫一线，过度劳累，突然昏迷，经抢救无效逝世……"

就在这天上午8点10分左右，覃长武突然昏迷，紧急送往医院，却为时已晚。大家不敢相信如此一位爱岗敬业、心系群众的好书记，就这样突然离开人世。

"戴口罩、做核酸、两米线、排好队……"巴南区人民广场上的小喇叭还播放着他的录音；社区防疫立牌上，依然展示着"点长：覃长武，联系电话……"；居民微信群里，依然有人在问"覃书记，下午核酸检测几点结束"……而止步于"9637步"的步行数据，把关于覃长武的一切都停留在了2022年11月21日这寒冷的一天。

覃长武从2002年就开始做社区工作，从巴南区鱼洞街道新民街社区到化龙路社区，这位同事眼里的好党员、好兄弟，乡邻眼里的好干部、好邻居，家人眼里的好儿子、好父亲，他用20年的社区坚守、20年的为民服务，给人生画上了一个并不完美、但足够出色的句点。

（巴南区文明办供稿）

致敬词　　　　　　　　　　　　　　　　　　　　**先进个人**

抗击疫情的"急先锋"，群众身边的"贴心人"。用脚步丈量社区的每一个角落，用温情呵护社区的每一个家庭；把生命献给了事业，把"接力棒"交给了后来者。岁月如歌，生命如虹，精神永存！

徐 瑞

【小传】 徐瑞，男，2000年1月生，重庆工程学院学生。连续4天奋战在山火救援行动中，先后联系超过200余名摩托车骑手赶赴现场支援，配合运送救援队员和转运物资，是救火支援中不可或缺的青年力量。

2022年8月，重庆受极端高温天气影响，山火频发。本是一个如往常一样普通的下午，却因朋友圈的一则志愿者招募信息，让徐瑞的这个夏天有了非比寻常的意义。在看到救山火志愿者招募信息后，徐瑞义无反顾赶往巴南区火场进行支援，是首位自愿赶到现场的摩托车骑手。

他全身心投入到救火行动当中，将物资点的救援物资运送到临时救援营地，为消防队员送去保障物资。在返回物资点途中，徐瑞从前来支援的蓝天救援队队员口中得知山上火情严重、急缺人手，他第一时间表明自己退伍军人的身份，希望到一线协助救援队共同扑灭山火。但因现场火势凶猛，安全无法保证，他被婉拒留在临时营地。留在临时救援营地的他也没闲着，骑着摩托车奔走在路况条件极差的山路上，以最快速度完成命令传达，与各物资点联络人建立联系，往来运送物资。

22日凌晨3点，徐瑞与摩托车志愿者从南天门山下运送300多人次到山顶进行支援，壮大了山顶救援队伍。休息整顿后，他再次出发前往巴南区南泉街道自由村支援疫情防控及火场后勤物资调配工作，为上山砍伐隔离带的村民提供了有效的后勤支援。24日下午，接到重庆工程学院党委武装部通知，徐瑞带领留校同学与重庆工程学院国旗护卫队共同组成救火志愿者队伍，奔赴南泉公墓打扫火场，防止余火复燃，并带领队伍为山上救援队伍运送冰水、手电筒、头灯等救援物资，出色地完成了任务。

徐瑞的事迹被新闻媒体纷纷转载，在他感动着无数网友的同时，他自己也被身边的其他骑手感动着。他感动于骑手们从四面八方赶来，不多言语，只在抵达现场后，问清楚运什么、运到哪里后，就埋头搬水、装车、向夜色中驶去。也许火情之后，他们的名字就会被逐渐忘记，但危急关头，大家相互打气，贡献了自己的全部力量，目的只有一个——守护家乡。

（巴南区文明办供稿）

致敬词

先进个人

少年不畏艰难，一路疾驰、穿行山间。背篓装着温暖，车上载满希望，逆行身影令人动容。烟尘滚滚，马达轰鸣，展现的是当代青年人的责任与担当！

李 欣

【小传】李欣，男，1975年1月生，中共党员，国网重庆市电力公司长寿供电分公司输变电运检中心变电检修班班长，坚持在高温下抢修电站，在炎炎盛夏为千家万户送去光明和清凉。

中等个头，皮肤黝黑，一身工装，却还洋溢着昔日军人血气方刚的风采——这就是李欣给人留下的第一印象。1995年，李欣退伍被安置到国网重庆市电力公司长寿供电分公司，成为电力检修工人。历经二十七载光阴，经过十几座变电站修建的磨炼，李欣俨然成为一名年龄最老、技术最精、皮肤最黑的"老班长"，他牵头完成70项大型工程，共消除缺陷3400余项，执行抢修、保电任务500余次，打造出一支召之即来、来之检修、战之必胜的变电"检修铁军"。

他将青春献给了基层，岁月也在他身上留下了痕迹。由于常年搬运和安装重型设备，变电站一次设备检修维护往往会涉及登高工具，长年累月的高强度工作，李欣的膝盖时不时发生剧痛，医生诊断他的膝关节已经严重劳损，必须在家休息，否则会导致残疾。但当时正值秋检的关键时期，看着班上的兄弟们，李欣心里始终放心不下现场的工作，一瘸一拐地坚持着回到工作岗位。

2022年7月以来，重庆遭遇历史罕见连晴高温天气，电源侧持续顶峰出力，度夏保供攻坚战进入吃劲阶段。8月25日11点，李欣与同事们一起来到35千伏华中变电站开展检修。在做好安全措施后，腿脚不便的李欣便顺着梯子爬上两三米高的变压器，更换了探针密封胶垫，给油枕加绝缘油，用了近一个小时的时间。中午12时40分完成了变压器故障抢修工作，及时恢复该片区供电。

谈到电力检修工作，李欣说："我曾是一名军人，更是一名党员，党和军队告诉我决不能在急难险阻面前低头，要用心用情做好检修事，全力保障电力供应。"

（长寿区文明办供稿）

先进个人

致敬词

退伍军人不褪色，千锤百炼铸匠心，我们身边总会有一些人甘于留下万家灯火后的背影。是最可爱的先锋，是值得我们称赞和学习的榜样。

周 利

【小传】周利，女，1972年2月生，重庆市合川区蔬菜发展指导站站长，合川区蔬菜产业首席专家、蔬菜产业技术扶贫指导组组长。走遍田间地头，走遍坡坡坎坎，为了土地变得金贵，为了农户增收，她二十年如一日，不辞辛劳守望着合川54万亩蔬菜。

2023年5月15日，太和镇米市村胡家坝蔬菜基地，生长着大片绿油油的青贮玉米。一位妇女在田间地头观察，尝尝泥土，翻看玉米叶片。这大片的玉米地，原来是1500亩的蔬菜基地，周利建议基地老板种植单一产品，形成规模效应。她指导施肥防病虫的同时，还推广无公害技术，申报部级蔬菜标准园建设，建立线上售卖平台，注册商标。基地的"胡家坝"萝卜销往十几个省市，甚至卖到了日本、俄罗斯等国家。

全区255户蔬菜种植大户，无不受到周专家的帮扶。2017年起，周利肩头压上了产业扶贫担子。连续3年，她向上级争取项目资金3000余万元，在贫困村建立6个蔬菜扶贫基地，种菜3000余亩，以项目带动群众脱贫。2022年11月，合川疫情吃紧，菜农的蔬菜滞销，大家焦急万分。周利每天都要接到多个大户求助电话，当她听到品牌蔬菜"青草坝萝卜"由原来的每斤1元降到2角时，心痛不已。她立即组织专家团队变身专职"销售员"，设法打通蔬菜运输"绿色通道"，通过网络平台、"朋友圈"、"亲友圈"，帮菜农售卖蔬菜。十多天来，采用"蔬菜包"和直运的方式销售蔬菜共4000多吨，既保证了菜农销售收益不减，又解决了疫情期间主城区市民采购新鲜蔬菜难的问题。

"首席专家，排名最前，应该担当最重、冲锋最前、吃苦最多。"这是周利对"首席专家"的解读。她表示，乡村振兴，产业先行，在未来的征程中，愿当一只"领头羊"，为合川蔬菜产业发展踔厉前行。

（合川区委宣传部供稿）

先进个人

致敬词

心犹在，梦也犹在。为了千家万户的"菜篮子"，把蓝图描画在大地上，把希望耕织进菜农的幸福里，致敬美丽的筑梦人、乡村振兴的先行者！

余秋朋

【小传】余秋朋，男，2003年3月生，重庆工贸职业技术学院建筑工程学院学生。三赴火场支援，运送物资、检查明火、砍隔离带，以实际行动展现"00后"的青年力量。

2022年8月17日晚，涪陵区江北街道传来浓浓烟味，不远处北山坪的天被大火映照得通红，正在江东滨江公园游玩的余秋朋看到这一场景，立马就往火情处奔去，他心里只有一个念头——说不定能为救火做点什么。由于交通管制没有通行工具，看着不远的路程，他连走带跑用了一个多小时才抵达现场。刚开始，余秋朋申请去打火，由于现场危险，现场救援人员拒绝了他的要求，只同意他在安全范围内帮忙传递物资。两个小时后，物资搬运工作逐渐收尾，看着疲惫不堪的救援人员，余秋朋再一次申请参与灭火，在他的再三恳求下，最终救援人员同意让他帮忙收拾已使用的消防水管，并嘱咐他"一旦有危险立刻汇报，不能逞强"。在收拾水管的过程中，他无意间发现草木灰里有一处星星点点的火星子，树枝无法将火星子熄灭，他毫不犹豫直接用手将附近的沙土捧过来覆盖在火星子上，直到彻底熄灭，被火烧过的沙土把双手烫得又红又痛。

18日夜晚，涪陵区江北街道黄旗社区又出现山火，急需志愿者。19日清晨，一直关注火情的余秋朋再次出现在火情现场。不同于北山坪的地形，黄旗的地势更加严峻，只能从坡面六七十度且燃烧后的斜坡上运送物资。好多地方都得手脚并用地爬，即使穿着鞋，余秋朋也感觉到脚下的温度高得惊人，往返10多次，最后才发现鞋底已经被烫坏了。

当得知自己的家乡南川也同样遭遇了山火，18岁的他毅然回到了家乡，再一次和救援人员、志愿者们站到了一起。在得知他已经在涪陵参加了两次救火后，大家担心他的身体支撑不住，不让他上山，只让他负责接收送来的物资，给救援人员送补给的。

短短4天，对余秋朋来说，是从未有过的充实和疲惫。眼镜框架被掰变形了，还没来得及修；手上的烫伤、划伤，还没有完全愈合；裤子被烧出好几个大洞，鞋底被高温烫坏，衣服上烟熏火燎的痕迹再也洗不掉，但在他心中，这些都是他成长的闪耀"勋章"。

（南川区文明办供稿）

致敬词　　　　　　　　　　　　　　　　　　　　　　**先进个人**

三赴火场，少年挺身而出，彰显"00"力量；四天三夜，英雄不问出处，青春闪耀光芒！

叶小红

【小传】叶小红，女，1974年7月—2022年12月，生前系重庆市綦江区新盛街道社区卫生服务中心副主任护师。多年来，她立足本职岗位，兢兢业业，在疫情防控一线连续奋战31天，却永远倒在了奉献一生的卫生事业上。

2022年12月2日，冬日的清晨，寒风凛冽。社区卫生服务中心公卫科护师叶小红原本要去石桥村为行动不便的老人上门体检，说好了7点半出发，可工作28年从未缺勤一次的她，这一次却"缺勤"了。2日凌晨1时30分，48岁的叶小红突发心脏病抢救无效离世，在此之前她已在疫情防控一线连续奋战了31天。卫生服务中心的工作群里公布了叶小红离世的消息，手机屏幕前都是一张张哭泣的面孔。

疫情发生以来，叶小红每天的工作安排得满满当当。整整30余个日日夜夜，叶小红平均每日采集核酸1000余人，上门提供核酸检测服务100余人。厚厚的防护服里，汗水无数次打湿衣背，可她未曾叫过一声苦，说过一声累。她和同事开玩笑说，这一个月瘦了将近10斤，工作、减肥一举两得。但正是如此一位爱说爱笑的大姐，面对工作比谁都要认真，同事劝她抽空多休息，她却说："疫情来了，我们医护人员都不上，谁上？"

在同事们眼中，叶小红喜欢"躲"——拍照喜欢往后面躲，遇到评先进这类好事也往后面躲，把机会留给年轻人。但喜欢"躲"在后面的叶小红在工作中却总是"冲"在最前面。叶小红肯学肯钻，虽然只是中专毕业，但后来自考拿到大专文凭，在各种业务比赛中拿奖不少，还顺利评上副高职称。她不仅自身业务水平过硬，还经常对年轻同事毫无保留地传授经验，大家都称她"叶教授"。她发扬"传、帮、带"精神，先后培养10余名公卫精英，如今在各自的岗位上独当一面。

街道上，车辆多了起来；公园里，孩子跑得正欢；餐馆里，人们涮着火锅聊得火热，而叶小红却没来得及见到这期盼已久的欢乐景象。谈起妻子，叶小红的丈夫哭红了双眼："小红是个特别有爱的人，爱工作、爱家人、爱生活，这样的烟火气，正是她最爱的。"

（綦江区文明办供稿）

先进个人

致敬词

　　守住人间"烟火气"，当好健康"守护者"。用尽所有温暖所爱的一切，竭尽一生演绎生命的真谛！

王显明

【小传】王显明，男，1949年3月生，中共党员，重庆市荣昌区仁义镇三奇村泵站管理员。2008年，59岁的王显明成为一名泵站管理员，14年来，他坚守在基层灌溉用水岗位上，独自负责三奇村4台抽水泵站的管理、维修工作。

2008年开始，王显明接手拱桥坡抽水泵站，因村社区人员变动和泵站时薪太低，村里的两位泵站管理员相继离职。面对泵站无人管理的窘境，59岁的王显明站出来笑呵呵地对乡亲们说："我是一名党员，村上的用水就包在我身上。"此后，三奇村4台抽水泵站的管理、维修重担全部落在了他一人身上。没事的时候，他习惯到田地里转转，看看管道，清理杂草，只要村民一个电话，他就第一时间赶到。在他眼里，让乡亲们用上水是最重要的事。

2022年7月，受连续高温干旱影响，村里的果林、稻田、水产养殖等极度缺水，村民们只能依靠人工泵站抽水灌溉农田。村里龙虾养殖大户周轮英急得不得了："小龙虾正值孵化关键期，急需一轮'救命水'。"一个电话，王显明就上岗了。为了不浪费每一滴水，为了让更多的村民用到水，他不顾高温，拄着拐杖在狭窄的田埂中检查1000多米长的输水管道，确保不会出现渗漏情况。"管道检查完毕！开闸，开始送水！"他熟练地拉上电源，来回转动起闸门，启动电机，清澈的河水通过管道涌进干涸的虾田，周轮英的龙虾保住了。

2022年8月16日，水泵盘根老化严重。王显明冒着酷暑，在狭小且高温的泵房里一干就是一整天，终于在晚上更换上了新的盘根。自8月以来，受高温干旱天气的影响，各村小组抽水灌溉频繁，在泵房里长时间检查、维修已成为他的工作常态。因长期过度劳累，王显明病倒了。住院期间，亲戚朋友和子女都劝他不要干了，但在接到村民急需抽水的电话后，原本还要再住院输液两天的他，不顾劝阻，毅然出院，搭了个摩托车紧急赶回村里。女儿哭着说："爸爸，这热射病可是会死人的啊！"他却笑着说："没事，我还能坚持。现在正是需要我的时候，等我忙完这几天，再回医院输液也来得及！"仅一个月，他完成抽水700多个小时，灌溉干涸农田3000余亩。

（荣昌区文明办供稿）

先进个人

致敬词

高温干旱用水愁，保障用水解民忧！十四年如一日，爱岗敬业、无私奉献，保障用水，用滴滴甘霖浸润了群众的心田！

刘素云

【小传】刘素云，女，1975年3月生，中共党员，重庆市武隆区芙蓉街道芙蓉东路社区党总支书记、居委会主任。她每天的日程排得满满当当，谋发展、保安全、惠民生、政策宣传、走访慰问。她坚持在为群众办实事中锻炼自己，提升服务群众的水平。

　　"书记，你请个假去医院看看吧，生病可不能拖啊！"刘素云已不记得这是同事的第几次劝告。"没事的，忙完这一阵就去。"每次她都以这句话来安慰同事，可同事知道她这一忙，总是没有尽头。严峻的疫情形势下，刘素云没日没夜地工作，每天都忍着腹痛，投身工作，到后来连吃饭时手都开始颤抖，依然坚守岗位，从未请过一个小时的假。

　　疫情期间，刘素云冲锋陷阵、靠前指挥、硬扛病痛，不分白天黑夜，"5+2"连续奋战200多天。带领社区党员、退役军人等志愿者，对辖区79幢楼、4170户13336人，进行拉网式全覆盖轮回大排查达20000余人次；摸底排查重点地区来武返武人员4825人，其中纳入重点居家隔离人员432人；发放疫情防控行动指南、防护手册等宣传资料5800余份；给重点隔离人员、低保户、残疾人等特殊家庭送温暖活动156次，送达"芙蓉红心志愿服务联心卡"360张，爱心口罩2300个；她组建"芙蓉红心党员突击队"，大力开展乡村振兴、抗旱救灾、疫情楼幢值守等志愿服务；她"舍小家，顾大家"上阵母子兵，"00后"的儿子代浩然与妈妈一道奋战一线，守护着社区居民群防群治生命安全的"最后一公里"。

　　刘素云2019年3月担任芙蓉街道芙蓉东路书记以来，带领社区居支"两委"班子为老百姓解决了民生问题3260余件。为做好城市基层治理"最后一米"，奋力实现"福满东路·和谐社区"的创建目标，刘素云又继续忙碌着。

（武隆区文明办供稿）

先进个人

致敬词

　　肩上有责，心中有爱，手上有招。以踏实的工作作风，无私奉献的人格魅力，用恪尽职守、直面风险的姿态，展现着打赢疫情防控阻击战的巾帼力量，让"小社区"托起居民"大幸福"！

杨 川

【小传】杨川，男，1989年1月生，重庆市秀山县疾病预防控制中心传防科科长兼应急办主任。疫情当下，牺牲小我，奔赴抗疫一线，勇做人民"守护者"，为生命护航。

在抗击疫情的战场上，一名"80后"青年志愿者格外引人注目。他身披白衣铠甲、逆行而上，用铁肩担负起不凡的使命，用身躯为群众筑起一堵坚不可摧的防护墙，寸步不让地守护着广大人民群众的生命安全和身体健康，以实际行动践行人民至上、生命至上，他就是医务工作者杨川。

2022年盛夏，江津区新冠肺炎疫情突袭而来。一条紧急通知在工作群闪动，杨川立马整理行装，告别家中年迈的父亲和嗷嗷待哺的孩子，踏上"抗疫"之路。

"涓涓细流，汇聚成海。"杨川说，这场没有硝烟的战争，不是他一个人在战斗，而是无数个和他一样的医务工作者，众志成城，携手并肩，给他力量！奋战一个月后，杨川又第一时间投入到沙坪坝区新冠肺炎疫情防控阻击战中，担任流调组第四组组长，负责对25个新冠肺炎感染者进行流调溯源工作。他已不记得自己睡过几个安稳觉，只记得无数个日日夜夜一把又一把的冷水脸和繁重的工作之余已尝不出味道的馒头和泡面。在一晚晚的坚守、一次次的询问、一轮轮的排查中，为无数居民化解危机。40多摄氏度的酷暑下，杨川奔波400多公里前往渝中区协助新冠肺炎疫情防控工作，负责三公协同、流调溯源和质量控制工作，以丰富的实践经验有效协助控制了主城区疫情。

2020—2022年，在疫情防控工作中，杨川带领秀山县疾控中心医护人员协助多个地区抗击疫情，不分昼夜，深入现场，连续奋战，用实际行动践行着一名公共卫生医师和卫生应急人的承诺。

（秀山县文明办供稿）

致敬词

先进个人

没有生而英勇，只有选择无畏。白衣之下，是最火热的内心、最赤诚的信念、最无私的奉献，用行动践行大爱，用坚守诠释担当！

代兰兰

【小传】代兰兰，女，1992年12月生，重庆市两江新区为明学校语文教师。语文教师变身"女骑士"，向山火逆行，不惧困难重重，运送物资，以言传身教感染了孩子们。

2022年8月，山火肆虐美丽的缙云山。山脚下，大批摩托车自发赶来，为山火救援贡献力量。在众多骑手中，有一道别样而美丽的风景线：一位英姿飒爽的女骑手，戴着头盔跨坐摩托车上，眼神坚毅，她就是代兰兰。当人们知晓她的职业后，更是惊叹于强烈的"反差感"——她是两江新区为明学校的一名语文老师。从书香熏染、文墨为伴的语文教师，到奔走火情现场的摩托车手，这是一次华丽而动人的"变身"。

在缙云山山火救援行动中，代兰兰驾驶着摩托车穿梭在经过高温炙烤龟裂的土地上，忍受着地表蒸腾的热气，将一批批救援物资快递上山。在现场的后勤保障点，代兰兰帮忙搬东西、组装工具，看到什么就做什么，一刻也没闲着。代兰兰在物资点拉上物资铆足了劲就往山上冲，但山路狭窄，坡陡弯又急，路面还有很多石子，车辆打滑得厉害，一趟下来需要十万分的小心。代兰兰顾不上这么多，一趟趟往返，汗水湿透了衣物又被热浪烘干，一天跑下来，代兰兰衣服裤子鞋子全是灰，脸也被晒得黑红。

班里的孩子得知代老师参加山火救援一事，更把她当作心中的"女英雄"。有女孩子说，长大了也要当女骑手，哪里有困难就往哪里冲；有男孩子说，长大了要当科学家，研发出一秒扑山火的设备，不让代老师和消防队员叔叔们冒生命危险，孩子们纷纷从存钱罐中拿出钱去买矿泉水等物资，在爸爸妈妈的帮助下送去社区。最好的教育就是言传身教，代兰兰老师做到了。

（两江新区文明办供稿）

先进个人

致敬词

一辆摩托，不畏艰险，穿越浓烟黄尘，向山火逆行；三尺讲台，言传身教，激励莘莘学子，将善良的种子在学生心中生根发芽！

重庆银行"渝小金"志愿服务队
（重庆市国资委）

【小传】重庆银行"渝小金"志愿服务队，成立于1999年5月，现有2000余名长期志愿者。二十余年来，志愿服务队始终积极投身各类志愿服务活动。

重庆银行"渝小金"志愿服务队自成立以来，服务条线跨度大、涵盖层面广、专业领域多，服务范围涵盖渝、川、陕、黔等一市三省。二十余年来，志愿服务队坚持以"奉献、友爱、互助、进步"为宗旨，始终坚守金融为民初心，用爱心和热血谱写出一曲又一曲奉献之歌。

2022 年 8 月 24 日，因连续极端高温天气，北碚缙云山山火已燃烧近 60 个小时。在得知火灾前线因山势较陡需要人工搬运物资的紧急信息后，"渝小金"志愿者们不顾疲惫、不畏高温，迅速投入到支援抗击山火的工作中，协助开展物资调配和传送搬运工作，将物资运送到火情第一线，为山火救援贡献力量。

作为一支以金融青年为主力的志愿服务队，"渝小金"志愿者们充分发挥专业特长，在践行普惠金融、助力脱贫攻坚、推进乡村振兴等方面，勇担当、走在前、敢作为。2022年，志愿服务队走进校园、走进社区、走进企业、走进乡村，举办金融知识宣讲 1100余场次，其中针对老年人开展金融知识宣讲 600 余场次，为提升社会公众金融风险防范意识、优化金融信用环境注入青春智慧。依托重庆市青少年金融教育基地建设，以财商教育为特色，连续 9 年开展"小小银行家"财商教育，举办四届"金豆杯"少儿财商教育大赛，累计覆盖青少年 10000 余人次，在活动中培养青少年正确的金钱观、财富观和科学的消费观，助力提升全市青少年金融素养。

有一分光，发一分热。重庆银行"渝小金"志愿服务队结合金融行业特点和金融青年专业特长，不断扩大志愿者队伍，打造一支有专长、有担当、有影响、有活力的金融志愿服务队伍，以一颗颗跃动着的爱心和闪耀光芒的青春活力，为全面建设社会主义现代化新重庆贡献"重银力量"！

（市国资委供稿）

先进集体

致敬词

点点微光汇聚星海，凝聚金融青年之力，绽放志愿服务绚丽之花。一个个重庆银行"渝小金"志愿者，不惧高温、不辞辛苦，以爱心和热情在大战大考中展现重银担当，以"绵薄之力"汇聚成这座城的"磅礴力量"。

国家电网红岩（长寿）共产党员服务队
（国网重庆市电力公司）

【小传】国家电网红岩（长寿）共产党员服务队，成立于2018年，由国网重庆市电力公司长寿供电分公司先进职工组成。他们坚守岗位，用心用情保障电力供应。

2022 年 7 月以来，持续高温炎热天气给农作物生长带来极大危害。为确保农业生产和农民用电，国家电网红岩（长寿）共产党员服务队组建 10 支助农党员服务小分队，深入田间地头，及时为农民灌溉用电排忧解难。2022 年 8 月中旬，长寿区响塘村由于提灌站未修复，又没有抽水设备，两千亩血橙树无法灌溉，面临枯死的风险。国家电网红岩（长寿）共产党员服务队了解情况后，立刻上门为当地果农安装抗旱表计抽水，一次性办结装表接电业务。仅用了一天时间就安装了 5 根电杆，架设了 500 米线路，将 50 千伏安变压器更换为 200 千伏安变压器，成功解决灌溉问题。

2022 年 8 月，应上级部门要求，在长寿区经济信息委的精心指导下，国家电网红岩（长寿）共产党员服务队连续 23 天开展保供应急联合值班，指导重庆长寿化工园区内 296 户工业企业完成"一用户一方案"编制。深度挖掘重庆长寿化工园区内工业企业可调节负荷资源，积极引导企业参与需求响应，共计签约 21 家企业，打造 20.4 万千瓦的可调节负荷资源池。引导重庆长寿西南水泥有限公司、永航钢铁集团等企业积极参与"削峰移峰"。

2022 年 8 月 25 日，面对持续的极端高温、零星散发的山火隐患、形势严峻的旱情，国家电网红岩（长寿）共产党员服务队全员参与线路杆塔巡护工作，24 小时现场交替值守。牵头制定长寿区防山火专项方案，确保防火安全。联合长寿区政府，向居民发送"严防森林火灾"警示提醒短信，利用"村村通"小喇叭循环广播"防山火"提示。国家电网红岩（长寿）共产党员服务队累计发现火情 33 起，火灾 3 起，运用无人机等手段监视火情，积极配合消防部门完成灭火工作，得到各部门和群众的一致肯定。

（长寿区文明办供稿）

先进集体

致敬词

那抹红色的身影穿梭其间，在人民群众需要的时候送去服务。用心用情用力当好"电力先行官"，真正诠释了央企"顶梁柱、顶得住"的责任担当。

重庆市汽车摩托车运动协会
（重庆市体育局）

【小传】重庆市汽车摩托车运动协会，成立于 1997 年，是市级汽车摩托车运动专业性社会团体。2022 年夏天，重庆缙云山山火肆虐，他们自发组织冲在第一线，参与灭火，矗立起重庆汽摩运动群体的丰碑。

2022年8月，重庆多处发生山火灾情，地方消防、武警和部队官兵在一线战斗，社会各界数万志愿者积极协助，筑成新的"防火长城"，严防死守，赢得了最后的胜利。

在救援过程中，宏大的救援场面和大量的摩托车手逆火而行的催泪画面，通过网络媒体的广泛传播，重庆人民团结抗灾的力量和精神感动了全国。在滚滚救援人流中，重庆市汽车摩托车运动协会的19个单位会员和563名车手参与其中，投入摩托车、越野汽车、全地形车等各类车辆近千台次，在北碚歇马、璧山七塘和八塘、巴南一品、铜梁围龙和西河、大足万古、南川三泉、江津支坪等灾区，留下他们连续奋战的英勇背影，涌现出许多感人事例，形成了重庆汽摩运动跨界支援的优秀群体。

他们中有优秀的运动员、摩托车爱好者，还有来自各行各业的专业能手。他们把危险置之度外，凭着高超的驾驶技能转运进出山中的救援志愿者，他们搭建起长达两公里的物资接力传送带，将山火救援前线急需的灭火器、头灯、饮用水、藿香正气液等物资送到最前方。他们一次次骑着摩托车冲向陡峭的山坡，即使摔倒也马上爬起来，捡起物资，扶起摩托车，重新出发。他们说："山火一天不灭，我们一天不走！"一批"90后"骑手头顶烈日，在呼啸声中骑着摩托车无畏地冲向山顶，唱响救火的战歌。

有力出力，他们与来自全国各地的救援队伍一道，与重庆儿女们一起，与山火、浓烟、高温、灰尘抢夺每一寸山地，勇士们即便受伤也无怨无悔。人们自发地捐资捐物，有企业家赠送了价值24万元的赛事机油，还有企业家支援了10辆新摩托车给会员单位参与救援……

山火之后，警钟长鸣。2022年10月7日，重庆举办了首届越野摩托车自然灾害应急救援演练活动，同时组建一支作风优良、敢打硬仗的摩托车应急救援后备队伍，演绎更多精彩动人的故事。

（重庆市汽车摩托车运动协会供稿）

致敬词　　　　　　　　　　　　　　　　　　　　先进集体

　　山火肆虐，那里没有路，也没有灯。勇敢的山城骑士向火而行，硬生生闯出来一条路，他们用常亮的头灯，照亮了整座城市。他们是这座英雄之城的英雄！

重庆医科大学疫情防控志愿队
（渝中区）

【小传】重庆医科大学疫情防控志愿队，成立于 2022 年 11 月重庆新冠肺炎疫情防控形势最严峻的时刻。志愿队由重庆医科大学的 2196 名博士、硕士研究生及 83 名带队教师组成。疫情防控期间，他们奋战在救死扶伤的第一线，挽救了无数生命。

2022年11月，重庆新冠肺炎疫情形势严峻，核酸检测、流行病学调查、方舱建设等疫情防控工作急需支援。2196名博士、硕士研究生及83名带队教师组成44支重庆医科大学疫情防控志愿队，紧急奔赴重庆疫情防控一线，以实际行动履行医者使命。

核酸采样是快速将社会面风险源捞干筛净的重要手段。即便面临医疗点分布范围广、住宿地分散、采样点分散、采样环境艰苦等诸多困难，重庆医科大学疫情防控志愿队的队员们每天清晨7点到岗，坚持规范专业采完最后一人，教育引导群众正确防护。参与核酸采样工作的队员人均单日采样量超过1000人次，极大地缓解了社区的工作压力。期间，还有很多队员"单枪匹马"进行核酸采样工作，他们进山村、驻工地、入楼栋，哪里有需要就去哪里，20多天夜以继日地工作。在采样点分布最为分散的渝北区，每支队伍平均每天要完成90个采样点的采样任务，大湾镇采样小组每日需翻山越岭才能完成工作，但是队员们都主动担当，从未退缩。

除了核酸采样，志愿队还先后派出186名队员前往各区的疾控中心支援疫情防控流调工作，参与阳性病例个人信息台账的质控和疫情暴露关系图的绘制，每天都在与时间赛跑。对参加流调的队员来说，电脑和手机就是他们的"武器"。不管白天还是黑夜，只要实验室报出一例阳性病例，流调员必须第一时间联系病例，通过详细问询确诊病例的基本信息、暴露接触情况、活动轨迹和就医情况，分析、处理海量数据，认真寻找与传染源、传播途径有关的蛛丝马迹，从而找出一条清晰的传播链，为判定风险人群、研判风险点位、采取隔离措施以及划定消毒范围提供依据。

队员们的日平均工作时间均超过16个小时，双眼满布红血丝。在这段患难与共的日子里，在这场没有硝烟的战斗中，重庆医科大学疫情防控志愿队队员们的身影穿梭在核酸采样点、集中隔离点、物资保障点等抗疫一线，展现了新时代重庆青年的精神风貌和"敬佑生命、救死扶伤、甘于奉献、大爱无疆"的崇高医者精神。

（渝中区文明办供稿）

先进集体

致敬词

不分白天和黑夜，24小时坚守岗位、随叫随到；与"死神"博弈、分秒必争……以实际行动为医生树立起道德的丰碑。

★ 重庆好人地图 ★

2022年度

"我推荐我评议身边好人"活动

围绕培育和践行社会主义核心价值观，深入开展先进典型学习宣传，广泛传扬好人精神，做大"重庆好人"品牌、积极助力新时代新征程新重庆建设。

2022年度"重庆好人榜"

助人为乐 17 人

吴朝光 陈利莎 郑 友 毛正学 曾信华 王福容 封先涛 杨 霞 程志芳 张光玖
谭 婷 何吉春 王昌元 尹和平 李洪志 张耀元 刘小红

见义勇为 18 人(组)

李恩祥 倪小兵 宋伦雪 李 容 何明全、段萍友 肖 刚 陈向东 马 犇 胡朝伟
龙令田 杨昌立 王加龙 王国东 杜有刚 易中荣 胡文学 杨 波、张 俊 杨 磊

诚实守信 6 人

罗贵芳 夏传武 熊绍华 陈光芬 李永碧 刘甫成

敬业奉献 27 人(组)

唐小琴 袁建兰 王应鹏 甘华林 张 伟 程 燕 张海洋 刘 昶 朱 宇 刘小强
刘 旭 林 平 彭胜忠 陈 力 万惠文 周先进 张龙兴、张奉平、张宏波 方祥财
巨建兵 王 翔 余 建 秦廷富 陈申福 沈 健 傅小康 刘远清 周晓华

孝老爱亲 11 人(组)

胡功琼 夏庆弟 桂焕吉 陈 萍 甘桓毓 刘方琼 彭先述、曹兴梅 张兴义 吴光付
程 萍 姚绍付

自强不息 10 人

冯秋容 王江桃 陈德福 余木兵 唐大焱 刘绪海 谭文进 李 琦 喻吉贵 彭胜国

特别奖(先进个人20人、先进集体4个)

李 欣 王显明 骆明文 张瑞平 刘顺达 吴 烈 刘 梅 杨琰烽 覃长武 周 利
叶小红 刘素云 裴 妮 胡 晓 杨 川 张 俊 曾佑柯 徐 瑞 余秋朋 代兰兰
国家电网红岩（长寿）共产党员服务队
重庆银行"渝小金"志愿服务队
重庆医科大学疫情防控志愿队
重庆市汽车摩托车运动协会

可扫二维码关注"文明重庆"了解重庆好人的详细事迹。

一群好心人
温暖一座城

夏传武

勇
见
义

李容

城口县

陈申福

敬

袁建兰

巫溪县

为

刘小强

开州区

奉节县

巫山县

梁平区

云阳县

万州区

王昌元

垫江县

忠县

陈利芳

石柱土家族
自治县

谭婷

长寿区

丰都县

曾信华

渝北区

黔江区

七区

中区

南岸区

南区

武隆区

彭水苗族土家族
自治县

南川区

• 两江新区
• 西部科学城重庆高新区
• 万盛经开区
• 重庆市国有资产监督管理委员会
• 重庆市体育局
• 国网重庆市电力公司

綦江区

重庆市汽车摩托车运动协会

西阳土家族苗族自治县

秀山土家族
苗族自治县

图 例

助人为乐
见义勇为
诚实守信
敬业奉献
孝老爱亲
自强不息
特别奖

疏善疫旖书情

主　办　中共重庆市委宣传部　重庆市文明办
编　制　重庆市勘测院　重庆市地图编制中心
审图号　渝S（2023）086号

图书在版编目（CIP）数据

重庆好人传 . 2022 年 / 中共重庆市委宣传部，重庆
市文明办组编 . -- 重庆：重庆大学出版社，2023.12
ISBN 978-7-5689-4282-9

Ⅰ . ①重… Ⅱ . ①中… ②重… Ⅲ . ①人物—先进事
迹—重庆—现代 Ⅳ . ① K820.871.9

中国国家版本馆 CIP 数据核字（2023）第 234846 号

重庆好人传·2022 年

CHONGQING HAOREN ZHUAN 2022 NIAN

中共重庆市委宣传部
重 庆 市 文 明 办 组编

策划编辑：张菱芷 刘雯娜

责任编辑：刘雯娜 版式设计：品木文化
责任校对：谢 芳 责任印制：赵 晟
*
重庆大学出版社出版发行
出版人：陈晓阳
社址：重庆市沙坪坝区大学城西路 21 号
邮编：401331
电话：（023）88617190 88617185（中小学）
传真：（023）88617186 88617166
网址：http://www.cqup.com.cn
邮箱：fxk@cqup.com.cn（营销中心）
全国新华书店经销
重庆新金雅迪艺术印刷有限公司印刷
*
开本：720mm×1020 mm 1/16 印张：9.25 字数：204 千
2023 年 12 月第 1 版 2023 年 12 月第 1 次印刷
ISBN 978-7-5689-4282-9 定价：68.00 元
审图号：渝 S（2023）086 号